中国刑事诉讼的发展和趋势

马 可 ◎ 著

THE DEVELOPMENT AND TREND OF
CRIMINAL PROCEDURE IN CHINA

中国社会科学出版社

图书在版编目(CIP)数据

中国刑事诉讼的发展和趋势／马可著．—北京：中国社会科学出版社，2018.10（2020.6重印）
ISBN 978-7-5203-3689-5

Ⅰ.①中… Ⅱ.①马… Ⅲ.①刑事诉讼—司法制度—研究—中国 Ⅳ.①D925.210.4

中国版本图书馆CIP数据核字（2018）第266857号

出 版 人	赵剑英
责任编辑	任　明
责任校对	李　莉
责任印制	郝美娜

出　　版	中国社会科学出版社
社　　址	北京鼓楼西大街甲158号
邮　　编	100720
网　　址	http://www.csspw.cn
发 行 部	010-84083685
门 市 部	010-84029450
经　　销	新华书店及其他书店

印刷装订	北京君升印刷有限公司
版　　次	2018年10月第1版
印　　次	2020年6月第2次印刷

开　　本	880×1230　1/32
印　　张	6.75
插　　页	2
字　　数	138千字
定　　价	65.00元

凡购买中国社会科学出版社图书，如有质量问题请与本社营销中心联系调换
电话：010-84083683
版权所有　侵权必究

中文摘要

第一章程序法事项司法审查的对象。程序法事项，可以理解为诉讼行为，可分为四种，确定了这四种程序法事项的范围，也就确定了程序法事项裁判和证明的对象的范围或者说程序法事项司法审查的范围。程序法事项的司法审查能够很好地约束侦控机关的诉讼行为，使之在合法的轨道上运行，对规制侦控权等行政性质公权力的滥用可以起到实质性的遏制作用。本书主张以"推进以审判为中心的诉讼制度改革"为契机，授权审判机关对侦查机关和检察机关实施的诉讼行为（程序法事项）进行司法审查来实现广义的审判中心主义。

第二章贪污贿赂犯罪追诉程序的完善。国家对贪污贿赂犯罪打击力度的加大在客观上要求从立法上尽快完善该类犯罪的追诉程序，以期能够在保障人权的同时，适应现阶段国家全力反腐的需要。我国现行的贪污贿赂犯罪追诉程序存在控方证明难、被追诉人作证激励机制失效以及司法公信力不足等问题，亟须构建和完善符合中国国情的贪污贿赂犯罪案件的刑事推定规则、污点证人作证豁免制度以及异地审判制度等。

第三章建立搜查措施的适用条件（证明对象）和证明标准。搜查是刑事侦查的重要手段，是刑事诉讼中的重要环节，具有实体与程序双重价值，对于确保公正审判和正当程序具有重要意义。我国对搜查措施的司法审查尚不规范，因此存在滥用搜查措施和违法搜查的问题。十八大以来的新一轮司法改革是推进搜查制度改革的契机，本书主张从搜查条件（证明对象）和证明标准的角度对搜查进行证据法规制，旨在通过设定我国搜查措施的启动条件和证明标准，建立与之相适应的配套制度来解决这一问题。

第四章以校园霸凌为视角看未成年人刑事司法。美国法庭对中国留学生校园霸凌案惩处的严厉程度引起了国内的广泛关注。近些年来，校园霸凌愈演愈烈，未成年人犯罪逐渐引发社会忧虑。校园霸凌行为不是孤立的、偶发的激情行为，而是青少年亚文化群体追求权势的极端表现。应当以实事求是的态度探究其原因和解决问题的办法，不能受困于某种观念或理论，在校园霸凌和未成年人犯罪问题上缩手缩脚。应当修改未成年人刑事司法制度，将"教育为主、惩罚为辅"的未成年人刑事政策原则落到实处，真正做到"宽容而不放纵"。

第五章劳动教养制度的废止。劳动教养制度历经五十多年的变迁，其概念、性质、内容等都发生了翻天覆地的变化。劳动教养本质上是一种司法程序外的社会控制手段，有可能造成公权力对公民权利的侵犯。由于当年建立劳动教养制度的社会背景已不复存在，在当前国际社会重视人权保障、国内舆论强调依法治国的大环境下，劳动教养制度于2013年被中央废止。本章以时间为坐标，梳理劳动教养制度在各个时期的变迁，并对劳动教养的法律性质进行分析，讨论废除劳动教养制度的理由和原因。

第六章建立中国的治安法庭制度。我国现行的司法职权配置存在着一系列的结构性问题，在实践中难以解决。本应配置给法院的四项司法职权（治安违法行为的审理/处罚权、司法监督权、司法审查权和庭前预审权），却为公安机关和检察机关所行使。而在英美法系国家和大陆法系国家，这些司法职权都被赋予法院。本书主张对司法职权进行优化配置，借鉴英国的治安法庭制度，建立中国的治安法庭，收回法院应有职权；并对治安法庭应当配置的职权、建立治安法庭的路径和治安法庭办案的程序进行了探讨，设计了可行的制度。

第七章中国的刑事错案救济和法律监督。本书认为，中国的错案可分为三类：再审程序纠正的无争议错案、再审程序纠正的有争议错案和发回重审程序纠正的错案。本章选取六个典型案例，对近年来中国错案的纠正和救济情况进行阐述和分析。在现行司法职权配置下，检察机关被视为司法机关，拥有宪法赋予的法律监督权。本书主张，检察机关应当借鉴域外经验，承担起司法审查主体的角色，对立案行为、侦查行为和刑罚执行行为实施法律监督，在本轮司法改革中发挥应有的作用。

第八章刑事司法规律研究。本书认为刑事司法中也存在着规律，而社会分工规律可以视为刑事司法中的一个重要规律。社会分工的影响及于人类社会的方方面面，自然也渗透于刑事司法领域。刑事司法中的社会分工规律关乎刑事职能机关职权配置的分化和优化。缘于社会分工的作用，人类的刑事司法发生了四次较大的变革。从行政权与司法权的分离到审判权与控诉权的分离，从警检法三职能机关的分立到审判者权力的扩张，社会分工规律对人类的法制产生了深远的影响。

第九章刑事诉讼法的修改及与监察法的衔接。2018年刑事诉讼法修改是继2012年刑事诉讼法修改之后的又一次修改，是对近年来司法改革经验的总结和提炼。本次修改虽然取得了很大的进步，但仍然存在一定的问题。这些问题有的是刑事诉讼法本身的问题，有的则是与监察法衔接的问题。经过对2018年刑事诉讼法修改草案的认真研究，本章对刑事诉讼法修改中存在的问题及与监察法衔接需要注意的问题进行了深入讨论。

前　　言

　　笔者一直认为，将刑事诉讼法称为刑事制度法或许更为合理。原因是它并非仅仅是辅助于刑法实施的一部程序法。在很多时候，它负担着规定一个国家刑事司法制度和刑事追诉程序的重任。其内容包括涉及刑事诉讼的行政司法机关的职权和分工，审判制度和审前制度（侦查制度和审查起诉制度）。笔者认为，任何一个国家的刑事诉讼法都应当承担三个任务：一、设置一国的刑事诉讼制度并对职能机关的司法职权加以配置；二、设置追究犯罪的可操作程序以正确实现刑事实体法避免错案；三、设置遏制违法诉讼行为的制度以正确执行刑事程序法合法追究犯罪。

　　我国刑事诉讼法于1979年颁布，与改革开放几乎同龄，40年来通过广大学者和司法工作者的不懈努力，刑事诉讼领域的一般性问题大多得到了解决，或者体现在法律的修订上，或者体现在学理的共识上。特别是近二十年间，刑事诉讼法学界的三场讨论，堪称三块里程碑，促进了中国刑事诉讼的发展。第一场讨论是关于法律真实和客观真实的讨论，其本质是关于诉讼认识和司法证明的讨论，这也是管窥刑事证明和刑事诉讼本质的完美切入点。第二场讨论是关于程序性后果、程序性辩护和程序性制裁、程序性裁判的讨论，其本质是关于证明对象和审判对象拓展的讨论，这种拓展使我们对刑事证明和刑事诉讼的认识进一步深化。第三场讨论是佘祥林、赵作海、杜培武等一系列冤错案件引发的公众讨论，这场讨论与前两场讨论不同，不是法学专家之间的讨论，而是普通公众参与其中的全民讨论。其关注点集中于冤错案件的发现、纠正和预防，同时涉及刑讯逼供和非法证据排除问题。

诉讼认识和司法证明的讨论引发了学者对我国传统的"事实清楚，证据确实充分"证明标准合理性的反思和批判，引发了对证明标准层次性和主观性的思考，同时引发了对审查批准逮捕、侦查终结、提起公诉和审判各个阶段相同证明标准的质疑。最终，我国刑事诉讼抛弃了违反诉讼认识和司法证明规律的纯客观标准"事实清楚，证据确实充分"，代之以"事实清楚，证据确实充分，排除合理怀疑"。其后，证明责任、证明方法等一系列的证据、证明问题也成为了可供讨论的领域。这显然是刑事诉讼法学的一块里程碑。程序性裁判和程序性制裁的出现，必然引发证明对象和审判对象的拓展，程序法事项成为了新的证明对象和新的审判对象，而程序法事项的证明问题也会因此被纳入研究的脉络。同时，还会引发辩护对象的拓展和刑事诉讼法律关系客体的变化；其后，诉审同一、控审分离和禁止重复追诉问题将会成为新一轮的理论思考；关于刑事诉讼基本范畴的讨论和刑事司法规律的讨论也将进入我们的视野。这显然是刑事诉讼法学的另一块里程碑。刑事诉讼法的根本目的在于依法和正确地追诉刑事犯罪，这一方面要求诉讼活动依法进行，另一方面要求避免出现错案。我国的错案形成往往与刑讯逼供有关。刑讯逼供获得的犯罪嫌疑人、被告人虚假供述往往会误导侦查方向，如果在其后的审查起诉和审判中不能及时纠正，就很有可能引发错案。为了回应公众关切，减少冤错案件，我国引入了非法证据排除规则，先是在2010年颁布了司法解释，继而在2012年刑诉法修改时正式入律，以期能够将刑讯逼供获得的言辞证据和实物证据排除出法庭适用，倒逼侦查质量提高，进而确保公正审判，避免冤错案件的产生。刑事错案是刑事司法的副产品，是人类社会的毒瘤，任何国家的刑事司法都不可能完全避免刑事错案，世界各国无不从各自角度找寻发现、纠正和预防刑事错案的方法。近五年，关于刑事错案、刑讯逼供和非法证据排除的讨论成为了学术界的主要关注点，堪称刑事诉讼法学的又一块里程碑。

除了上述提纲挈领的宏观问题，近年来为社会广泛关注的若干具体问题也引发了刑事诉讼法学界广泛的讨论和研究，进一步推动了中国刑事诉讼的发展。十八大以来中央推进司法改革并在国家的各个层面开展有力的反腐败行动，针对贪污贿赂犯罪的追诉程序引发了公众的兴趣，而追诉过程中的搜查取证和公民财产权保护也开始为公众所关注。国内频繁发生的校园凌虐事件和中国小留学生因校园凌虐在美国受审则引发了公众的热烈讨论。"唐慧事件"引发的劳动教养制度的废除是令人印象深刻的法治进步，但为数众多的行政拘留仍然由公安机关决定，这种警察裁判与法治发达国家的法院裁判仍然存在着明显的差异。在微观领域，贪污贿赂犯罪追诉程序、搜查措施、未成年人刑事司法、劳动教养的废除以及警察裁判的替代措施等具体问题是近年来刑事诉讼法学的热点。

通过对里程碑式的宏观问题和具体的微观问题的研究，我们会更接近刑事诉讼的本质和规律。而探索刑事诉讼的本质和规律，以此预见中国刑事诉讼的趋势，可能是中国《刑事诉讼法》颁行40年之际，我们应当肩负起的下一个使命。

本书的各种讨论均围绕刑事诉讼法应当承担的三个任务展开——即设置一国的刑事诉讼制度并对职能机关的司法职权加以配置；设置追究犯罪的可操作程序以正确实现刑事实体法避免错案；设置遏制违法诉讼行为的制度以正确执行刑事程序法合法追究犯罪。根据中国刑事诉讼的发展和趋势，本书研究共分为九章：第一章讨论新的证明对象和裁判对象——程序法事项，第二章以证明对象和证明标准为切入点讨论搜查措施的司法审查，第三章讨论因反腐而广受关注的贪污贿赂犯罪追诉程序，第四章讨论喧嚣一时的未成年人刑事司法问题，第五、六章讨论劳动教养的废除以及警察裁判的替代措施，第七章讨论中国的刑事错案救济和法律监督，第八章结合前七章研究探索刑事诉讼的内在规律，第九章讨论刑事诉讼法的修改及与监察法的衔接。本书第一章、第二章、第五章、第六章、第八章围绕第一个任务展开；第三章、第四章、第七章围绕第二个任务展开；第一章，第二章，第五章，第六章，第八章同时围绕第三个任务展开。第九章是对刑事诉讼法修改的讨论，刑事诉讼法承担的三个任务都有所涉及。

笔者曾看到这样一则寓言：某人写了一本新书，得意地向朋友吹嘘说："你一定要把它从头到尾读一遍，因为这本书里有很多新的和正确的东西"，朋友欣然应允。过了几天，两人相遇，那人问朋友说："我的书你读完了吗？里面是不是有很多新的和正确的东西？"朋友耸耸肩说："是的，你的书里确实有很多新的和正确的东西。不过，凡是新的都不正确，凡是正确的都不新。"

笔者可能也如寓言中的这个人，兴冲冲地把自己认为新的和正确的东西撰写成书，其结果却是新的都不正确，而正确的都不新。因此，本书权作刑事诉讼研究中的引玉之作，供专家学者们批评指正。

目 录

第一章 程序法事项司法审查的对象 …………………（1）
 第一节 程序法事项的司法审查 …………………（3）
  一 两种审判中心主义和两条路径 ……………（3）
  二 程序法事项司法审查——建立广义审判中心主义
   的第二路径 ……………………………………（7）
  三 程序法事项的司法审查——程序法事项的裁判与
   证明 ……………………………………………（11）
 第二节 程序法事项司法审查的对象 ………………（14）
  一 司法审查的对象之一——程序性违法引发的
   程序法争议事项 ………………………………（14）
  二 司法审查的对象之二——控方程序法请求
   事项 ……………………………………………（18）
  三 司法审查的对象之三——辩方程序法请求
   事项 ……………………………………………（19）
  四 司法审查的对象之四——非程序性违法引发的
   程序法争议事项 ………………………………（22）
  五 推进程序法事项司法审查的必要性 …………（27）

**第二章 建立搜查措施的适用条件（证明对象）和证明
   标准** ……………………………………………（30）
 第一节 搜查证明问题概述 …………………………（32）

一　搜查措施分析 …………………………………（32）
　　二　搜查中侦查机关承担证明责任的法理依据 ……（36）
第二节　域外搜查的立法和司法实践 ………………………（39）
　　一　域外搜查的发动和批准权限 ……………………（39）
　　二　主要法治国家的搜查证明标准 …………………（40）
　　三　搜查条件（证明对象）与证明标准之异同 ……（42）
第三节　设定我国的搜查条件和证明标准 …………………（44）
　　一　我国搜查条件之建构 ……………………………（44）
　　二　我国搜查证明标准之建构 ………………………（45）

第三章　我国贪污贿赂犯罪追诉程序的完善 ………（50）
第一节　控方证明难的问题及推定规则的完善 ……………（51）
　　一　建立健全推定规则解决控方证明难 ……………（52）
　　二　建立健全刑事推定规则的立法设想 ……………（54）
第二节　被追诉人作证激励机制的问题与污点证人
　　　　作证豁免制度的构建 ……………………………（55）
　　一　自首立功制度存在的问题 ………………………（56）
　　二　酌定不起诉制度存在的问题 ……………………（57）
　　三　尽快确立污点证人作证豁免制度 ………………（58）
　　四　构建污点证人作证豁免制度的思路 ……………（60）
第三节　司法公信力的不足与异地审判制度的
　　　　构建与完善 ………………………………………（61）
　　一　解决异地审判的合法性问题 ……………………（62）
　　二　严格限定"异地"的含义 ………………………（63）
　　三　细化异地审判的条件和标准 ……………………（64）
　　四　完善指定异地审判的程序 ………………………（64）
　　五　健全异地审判的配套措施 ………………………（65）
　　六　小结 ………………………………………………（65）

第四章 以校园霸凌为视角看未成年人刑事司法 …………（66）
第一节 校园霸凌和未成年人犯罪 ……………（66）
  一 校园霸凌现象概述 …………………………（66）
  二 我国的未成年人校园霸凌 …………………（68）
  三 校园霸凌和未成年人犯罪现象分析 ………（70）
  四 未成年人校园霸凌的亚文化因素 …………（72）
第二节 校园霸凌对策分析 ……………………（74）
  一 域外校园霸凌和未成年人刑事司法实践 …（74）
  二 对未成年人犯罪治理思路的反思 …………（79）
第三节 对现行未成年人刑事司法制度的检讨 …（83）
  一 实体法方面 …………………………………（83）
  二 程序法方面 …………………………………（85）
  三 被害人救助和其他配套制度 ………………（89）
  四 小结 …………………………………………（91）

第五章 劳动教养制度的前世今生 …………………（93）
第一节 劳动教养的前世——历史的沿革 ……（94）
  一 创立阶段 ……………………………………（94）
  二 演化阶段 ……………………………………（94）
  三 恢复阶段 ……………………………………（95）
第二节 劳动教养的今生——存在的问题 ……（98）
  一 劳动教养在适用方面的问题 ………………（98）
  二 劳动教养在法律方面的问题 ……………（100）
  三 劳动教养在程序方面的问题 ……………（102）
  四 劳动教养在国际义务方面的问题 ………（104）
第三节 劳动教养的终结——争议中废除 ……（105）
  一 引发争议的若干案件 ……………………（105）
  二 劳动教养的最终废除 ……………………（106）

第六章　建立中国的治安法庭制度……………………（108）
第一节　现行司法职权配置存在的问题…………（109）
　　一　若干刑事诉讼国际共识………………………（109）
　　二　国内的现状和存在的问题……………………（110）
　　三　国外的实践经验………………………………（113）
第二节　建立中国的治安法庭……………………（116）
　　一　建立治安法庭制度的可行性…………………（116）
　　二　我国治安法庭应当配置的司法职权…………（117）
第三节　建立治安法庭的进路……………………（121）
　　一　如何建立我国的治安法庭制度………………（121）
　　二　治安法庭的办案程序…………………………（122）
　　三　小结……………………………………………（125）

第七章　中国的刑事错案救济和法律监督……………（127）
第一节　中国的刑事错案救济……………………（127）
　　一　中国刑事错案的纠正和救济…………………（128）
　　二　再审程序纠正的无争议错案…………………（130）
　　三　再审程序纠正的存争议错案…………………（134）
　　四　发回重审程序纠正的错案……………………（137）
　　小　结………………………………………………（139）
第二节　中国的法律监督……………………………（140）
　　一　审判中心主义大前提下的侦查行为规范问题…（140）
　　二　通过司法审查和法律监督规范侦查行为的
　　　　域外实践…………………………………………（141）
　　三　检察机关应运用法律监督权规范侦查行为……（142）

第八章　刑事司法规律研究………………………………（147）
第一节　刑事职能机关职权配置的分化…………（148）

一　行政权与司法权的分离 …………………………（148）
　　二　审判权与控诉权的分离 …………………………（149）
　　三　警检法三职能机关的分立 ………………………（149）
　第二节　刑事职能机关职权配置的优化 ………………（152）
　　一　令状主义原则的确立——英国的实践 ………（152）
　　二　预审法官制度的建立——法国的实践 ………（154）
　　三　现代司法审查的形式——美国的实践 ………（156）
　第三节　刑事司法规律总结 ………………………………（158）
　　一　刑事职能机关职权配置的分化 …………………（158）
　　二　刑事职能机关职权配置的优化 …………………（159）

第九章　刑事诉讼法的修改及与监察法的衔接 …………（161）
　第一节　刑事诉讼法修改中的一般性问题 ……………（161）
　　一　增加"以审判为中心的诉讼制度改革"的内容 ……（161）
　　二　规定犯罪嫌疑人、被告人在签署具结书前
　　　　有权获得辩护人的法律帮助 ……………………（162）
　　三　在被告人认罪认罚程序和速裁程序中赋予
　　　　值班律师辩护人的地位和权利 …………………（164）
　　四　应当做好刑诉法和监察法的衔接工作 ………（166）
　第二节　刑事诉讼法修改中的特殊问题——刑事速裁
　　　　　程序中不相关案件被告人同时受审问题 ……（168）
　　一　现实情况 ……………………………………………（168）
　　二　产生原因 ……………………………………………（169）
　　三　域外比较 ……………………………………………（170）
　　四　问题分析 ……………………………………………（171）
　　五　修改建议 ……………………………………………（172）
　第三节　刑事诉讼法与监察法衔接中的特殊问题
　　　　　——关于在看守所设置留置执行场所的建议 …（173）

一　在公安机关看守所设置留置执行场所的理由 …（174）
　二　留置场所规范化设置的几点意见……………（176）
中华人民共和国刑事诉讼法（修正草案）征求
　意见稿…………………………………………（180）

参考文献 …………………………………………（188）

后记 ………………………………………………（198）

第一章

程序法事项司法审查的对象

广东医生谭秦东因在网络上撰文称鸿茅药酒是"毒药",内蒙古自治区乌兰察布市凉城县警方对其进行了跨省抓捕,引发社会广泛关注,新华社对此质疑道:医生吐槽鸿茅药酒值得动用警方吗?①

这是一件与刑事诉讼法相关的事件,谭秦东被凉城县警方跨省抓捕,从理论层面看,关乎逮捕合法性争议或逮捕合法性审查,即对逮捕措施或逮捕事项的司法审查②,在我国刑事诉讼法中称为"审查批准逮捕"③。审查批准逮捕,或逮捕事项的司法审查长期以来一直是我国刑事诉讼中唯一一项针对侦查机关实施的程序法事项④的司法审查。

---

① 新华社北京 4 月 17 日电题:《穿越大半个中国来抓你? 三问鸿茅药酒事件》,见新华网 http://www.xinhuanet.com/yuqing/2018-04/18/c_129853139.htm,法制网 http://www.legaldaily.com.cn/zt/content/2018-04/17/content_7523473.htm,最后一次访问时间 2018 年 5 月 27 日。

② 司法审查原则一般是指"法院充分发挥司法的能动作用,对国家强制权的合法性进行审查,以保障个人的权益,防止国家强制权的违法侵害",见孙记《程序性证明———一个证据法学不可缺失的概念》,《北方法学》2007 年第 5 期。

③ 在审查批准逮捕程序中,"司法审查"主体是检察机关而非法院,由于其他法治发达国家逮捕措施的司法审查机关都是法院,所以关于这一问题的争议自刑事诉讼法颁布之日起就未停止。

④ 程序法事项,也可称为程序法事实、程序性事实或程序性事项,是指涉及当事人诉讼权利义务、在诉讼程序上具有法律意义的事项。可以粗略地理

在侦查阶段和审查起诉阶段，存在着大量的程序法事项。这些程序法事项可以理解为诉讼行为，其合法性问题必须加以解决，才能保证刑事诉讼能够依正当程序合法的进行。长期以来，众多程序法事项的裁决处于"无法可依"或"无理（论）可依"的状态。取保候审、监视居住、搜查、冻结、秘密监听等大量程序法请求事项①由侦查机关或检察机关自行决定，而且是以内部行政审批式的方式决定。同样的程序法事项，在域外却往往由法官决定，其形式一般是司法审查。2010年《非法证据排除规定》颁布之后，对非法证据排除的司法审查从此开始有法可依②，但其他由程序性违法行为③引发的程序法争议事项④的司法审查仍然遥遥无期。比如违法搜查、违法扣押、违法拘留、违法逮捕、违法监听等侦查行为合法性争议就根本不是我国司法审查的对象，针对这些程序性违法行为的程序性制

解为与犯罪嫌疑人、被告人定罪量刑有关的实体法事项之外的涉及刑事诉讼程序的事项。程序法事项关系到诉讼主体的诉讼行为是否正确、合法。

　　① 程序法请求事项可分为控方提出的程序法请求事项和辩方提出的程序法请求事项。控方程序法请求事项是控方对实施某一程序法事项提出的请求，多为申请采取强制措施或强制性措施。辩方程序法请求事项是辩方对实施某一程序法事项提出的请求，主要是申请恢复诉讼期限、证据保全等。

　　② 非法实物证据的排除在理论上似乎有法可依，但在实际上还处于可望而不可即的状态。

　　③ 程序性违法，主要是侦查人员、检察人员、审判人员，在诉讼活动中，违反了刑事诉讼法规定的法律程序，侵犯了公民的诉讼权利，情节严重的违法性行为。见陈瑞华《刑事诉讼的前沿问题》，中国人民大学出版社2013年版，第195—243页。

　　④ 程序法争议事项是指就某一程序法事项的性质问题（该事项是否符合法定要求），控辩双方存在相对立的诉讼主张，需要通过程序法事项裁判（程序性裁判）加以确认或进行选择的重大程序法事项。程序法争议事项可分为程序性违法引发的程序法争议事项和非程序性违法引发的程序法争议事项。程序性违法引发的程序性争议事项包括侦查行为性质争议事项、起诉行为性质争议事项和审判行为性质争议事项。

裁也完全处于告状无门、无法可依的状态。

这一问题引起了党中央的高度重视。2014年10月，十八届四中全会通过的《中共中央关于全面推进依法治国若干重大问题的决定》指出："司法公正对社会公正具有重要引领作用，司法不公对社会公正具有致命破坏作用。必须完善司法管理体制和司法权力运行机制，规范司法行为，加强对司法活动的监督，努力让人民群众在每一个司法案件中感受到公平正义。"《决定》明确提出了"推进以审判为中心的诉讼制度改革"。① 如果能够借党中央"推进以审判为中心的诉讼制度改革"的东风，调整司法职权配置以及刑事诉讼构造，赋予司法机关对众多程序法事项广泛的司法审查权，将极大地推动中国特色社会主义刑事司法体系的完善。

第一节　程序法事项的司法审查

一　两种审判中心主义和两条路径

（一）对审判中心主义的两种理解

审判中心主义的内涵在学界还存在争论，主要是分为庭审

---

① 此后，最高人民法院在2015年发布的《关于全面深化人民法院改革的意见——人民法院第四个五年改革纲要（2014—2018）》中明确提出"人民法院深化司法改革……突出审判在诉讼制度中的中心地位"，要"建立以审判为中心的诉讼制度"，"建立中国特色社会主义审判权力运行体系，必须尊重司法规律，确保庭审在保护诉权、认定证据、查明事实、公正裁判中发挥决定性作用，实现诉讼证据质证在法庭、案件事实查明在法庭、诉辩意见发表在法庭、裁判理由形成在法庭"。最高人民检察院也于2015年下发《关于深化检察改革的意见（2013—2017年工作规划）》，提出"适应以审判为中心的诉讼制度改革，全面贯彻证据裁判规则。严格规范取证程序，依法收集、固定、保存、审查、运用证据，配合有关部门完善证人、鉴定人出庭制度，举证、质证、认定证据标准，健全落实罪刑法定、疑罪从无、非法证据排除的法律制度。进一步明确检察环节非法证据排除的范围、程序和标准"。

实质化意义上的审判中心主义与刑事诉讼构造论意义上的审判中心主义。前者主要强调庭审在审判中的作用，主张庭审实质化，①后者在前者庭审实质化观点的基础上，主张逐步调整刑事诉讼构造和司法职权配置。②

必须指出，实务部门对审判中心主义的理解与学界并不相同。就实务部门而言，"推进以审判为中心的诉讼制度改革"的目的是防止冤假错案，其内涵可等同于庭审实质化及防止审判流于形式。其初衷只是在诉讼阶段论的框架下增强庭审的实质性，并没有要改变我国刑事诉讼构造的意图③。

---

① 如陈光中教授认为，审判中心具有三个方面的内涵：一是最终认定被告人是否有罪这一权力由人民法院行使；二是审判中心要求庭审实质化并起决定性作用；三是审判中心意味着侦查、起诉阶段为审判作准备，其对于事实认定和法律适用的标准应当参照适用审判阶段的标准。参见陈光中、步洋洋《审判中心与相关诉讼制度改革初探》，《政法论坛》2015年第2期。

② 如王敏远教授认为，所谓"以审判为中心"是指刑事审判在整个刑事诉讼中具有核心的地位，只有经符合正当程序的审判，才能最终确定被告人的刑事责任问题；审前程序应当围绕公正审判的需要，服从公正审判的需要；审判机关不仅在刑事诉讼进入审判阶段才发挥其主导刑事诉讼的作用，而且应当对审前程序发挥积极作用，以使审判在刑事诉讼中真正具有决定性的作用。参见王敏远《以审判为中心的诉讼制度改革问题初步研究》，《法律适用》2015年第6期。

③ 例如，中央政法委书记孟建柱在谈及以审判为中心的刑事诉讼制度改革时指出：推进这项改革，不是要改变公检法分工负责、互相配合、互相制约的诉讼格局，而是要按照犯罪事实清楚、证据确实充分的要求，建立科学规范的证据规则体系，促使侦查、起诉阶段的办案标准符合法定定案标准，确保侦查、起诉、审判的案件事实、证据经得起法律检验。要正确理解和贯彻罪刑法定、疑罪从无、非法证据排除等原则制度，确保无罪的人不受刑事追究、有罪的人受到公正惩罚。处理好庭审实质化和庭审方式改革的关系，既确保庭审在查明事实、认定证据、保护诉权、公正裁判中发挥关键性作用，又不搞庭审烦琐主义，让有限司法资源和宝贵的庭审时间用于解决最重要的问题，提高庭审质量效率。参见孟建柱《坚定不移推动司法责任制改革全面开展》（在全国司法体制改革推进会上的讲话），http://www.mps.gov.cn/n22

笔者认为，学界"庭审实质化意义上的审判中心主义"的理解，或者实务部门"防止冤假错案"与"防止审判流于形式"的理解，可以视为对审判中心主义的狭义理解。而学界"刑事诉讼构造论意义上的审判中心主义"的理解，则可以视为对审判中心主义的广义理解。

（二）实现审判中心主义的两条路径

对审判中心主义的狭义理解聚焦于"庭审实质化"和"防止冤假错案"，致力于从侦查中心向审判中心的转变。对审判中心主义的广义理解则既认同于"庭审实质化"和"防止冤假错案"，又主张调整司法职权配置和刑事诉讼构造。广义理解的观点可以概括为四种内涵，第一，强调审判权威，构建诉讼三角结构；第二，审判应当延伸到侦查、审查起诉阶段，构建审前司法审查制度和预审法官制度；第三，审判应以庭审为中心，以一审为中心；第四，庭审要实质化。② 这种对审判中心主义的解读，并不局限于从侦查中心向审判中心的转变，还涉及赋予审判机关对侦查机关和检察机关诉讼行为（即程序法事项）的监督权，推动司法裁判权向审前阶段延伸。

我们可以依照对审判中心主义的狭义理解，把推动我国刑事诉讼从侦查中心主义向审判中心主义过渡视为实现审判中心主义的第一路径。依照对审判中心主义的广义理解，把赋予审判机关对侦查机关和检察机关诉讼行为的监督权，推动司法裁

53534/n2253535/n2253536/c5526874/content.html，最后访问日期2016年11月2日。又如，"最高人民法院在探讨审判中心主义的话题时也将审判中心主义的含义限缩于'以庭审为中心'的内涵，仅仅针对庭审空洞化的现实，提出将庭审活动实质化，让事实的调查、证据的采择、法律的争议都通过庭审过程来完成，充分发挥庭审的功能"，见张建伟《审判中心主义的实质内涵与实现途径》，《中外法学》2015年第4期。

② 王敏远：《以审判为中心的诉讼制度改革问题初步研究》，《法律适用》2015年第6期。

判权向审前阶段延伸,视为实现审判中心主义的第二路径。

在我国现行刑事司法职权配置中,法院的司法裁判权仅限于审判阶段,不能在审前阶段行使,这种司法裁判权裁判的对象主要是与定罪量刑有关的实体法事项,大多数与程序性违法有关的程序法事项不属于其裁判的对象。其他国家的法院除去审判权之外,其司法职权往往还包括以下几种:A. 在审前阶段,对侦查机关的逮捕和搜查请求进行事前司法审查;B. 对辩方提出的侦检机关①的程序性违法行为进行事后司法审查;C. 对未决羁押的决定、延长和解除等事项进行司法审查。这三项司法审查职权都涉及审判机关对侦查机关和检察机关的监督,这种司法审查的对象不是与定罪量刑有关的实体法事项,而是与程序性违法或逮捕、搜查、未决羁押有关的程序法事项。审判机关对这些事项的司法审查,其性质是对程序法事项合法性的司法审查,也可以理解为对诉讼行为合法性(侦查行为合法性或检察行为合法性)的司法审查,这种职权是与程序法事项紧密相关的职权。

调整司法职权配置和刑事诉讼构造,赋予审判机关对侦查机关和检察机关诉讼行为的监督权,推动司法裁判权向程序法事项领域和审前阶段这两个方向的扩张和延伸,是实现广义审判中心主义的必由之路,这条路径需要通过授权审判机关对侦查机关和检察机关实施的程序法事项进行司法审查得以实现。程序法事项的司法审查是调整刑事诉讼构造和司法职权配置的主要着力点,这种司法审查由程序法事项的裁判和证明构成。

---

① 刑事诉讼中的国家公权力包括侦查权、检察权和审判权,一般认为其中的侦查权和检察权都属于具有一定行政性质的公权力,在本书中笔者将其合称为侦检权。相应的,本书将侦查机关和检察机关合称为侦检机关,将侦查行为和检察行为合称为侦检行为。

二 程序法事项司法审查——建立广义审判中心主义的第二路径

随着2010年《非法证据排除规定》的出台，2012年《刑事诉讼法》的修改，以及此后一系列司法解释的颁布，针对取证合法性事项的司法审查制度出现，在我国的刑事诉讼法律体系中第一次出现了程序法事项裁判①（程序性裁判②）机制，程序法事项由此成为不同于实体法事项的新的裁判对象。程序法事项裁判的初步确立，也使得程序法事项证明③第一次有了用武之地，第一次能够在实然状态下被运用，由此，程序法事项也成了不同于实体法事项的新的证明对象。司法实践中，刑事裁判和证明不仅仅针对实体法事项进行，也同样针对程序法事项进行。比如，非法证据排除问题，就是典型的针对程序法事项的裁判和证明。非法证据排除解决的是某一证据材料是否具有证据能力的问题，也就是证据材料合法性的问题。④它无关被告人的定罪量刑，显然不是实体法事项的裁判和证明问题，但是对这一问题的认定和裁决显然又不能以简单的"行政审批"的方式进行。辩方认为某一证据材料不具有证据能力，即

---

① 程序法事项裁判，即程序性裁判，是指那些为解决控辩双方存在的程序性争议而举行的司法裁判活动。狭义的程序法事项裁判或程序性裁判一般是指对程序性违法引发的程序法争议事项的司法审查，而广义的程序法事项裁判或程序性裁判，则包括对程序性违法引发的程序法争议事项的司法审查和非程序性违法引发的程序法争议事项的司法审查，详见笔者后文论述。

② 程序性裁判、程序性制裁和程序性辩护的一系列基本概念，见陈瑞华《刑事诉讼的前沿问题》，中国人民大学出版社2013年版，第195—243页。

③ 程序法事项证明，是在刑事诉讼审前阶段或审判阶段，控方或辩方依照司法审查的要求提出证据，就将要实施或已经实施的某一程序法事项（诉讼行为）的合法性问题，向裁判方进行的论证说服活动。

④ 这一问题学界一般称为"证据合法性"问题，其实质是取证行为的性质是否符合成立、有效、合法或有理由要求的问题。

不具有合法性，不是仅仅提出主张即可，而是要对"该证据材料不具有合法性"的命题进行一定程度的初步证明。而控方如果认为该证据材料具有合法性，也不能仅仅是向法庭表明态度，而应当对"该证据材料具有合法性"的命题进行充分的证明。而某一证据材料是否具有证据能力，是否具有合法性，最终要由审判人员加以裁判。

无论是辩方的"证明"还是控方的"证明"都是货真价实的"证明"，都包含刑事证明的一系列要素，遵循刑事证明的相应规则，而这种证明又显然不属于实体法事项的证明。所以说，程序法事项同样是诉讼证明的对象，程序法事项证明也是诉讼证明的组成部分。同样道理，审判人员对程序法事项的认定和裁判，也包含刑事裁判的一系列要素，遵循刑事裁判的相应规则，而这种裁判又显然不属于实体法事项的裁判。所以说，程序法事项同样是刑事裁判的对象，程序法事项裁判也是刑事裁判的组成部分。

因此，程序法事项既是刑事诉讼新的裁判对象也是刑事证明新的证明对象，程序法事项裁判和程序法事项证明共同构成了针对程序法事项的司法审查。

那么，什么是程序法事项？哪些程序法事项可以成为程序法事项裁判和证明的对象？或者说法院对侦查机关和检察机关实施的程序法事项司法审查的范围是什么呢？

程序法事项，也可称为程序法事实、程序性事实或程序性事项，是指涉及当事人诉讼权利义务、在诉讼程序上具有法律意义的事项。可以粗略地理解为与犯罪嫌疑人、被告人定罪量刑有关的实体法事项之外的涉及刑事诉讼程序的事项。程序法事项关系到诉讼主体的诉讼行为是否正确、合法，不仅关系到实体法事项是否存在及其真伪问题，而且关系到裁判是否正确的问题。①

程序法事项可分为程序法争议事项和程序法请求事项。程序法争议事项是指就某一程序法事项的性质问题（该事项是否符合法定要求），控辩双方存在相对立的诉讼主张，需要通过程序法事项裁判（程序性裁判）加以确认或进行选择的重大程序法事项。程序法争议事项可分为程序性违法引发的程序法争议事项和非程序性违法引发的程序法争议事项。程序性违法引发的程序法争议事项是指由于存在程序性违法的可能，引发控辩双方针对该事项性质相对立的诉讼主张，需要通过程序法事项裁判（程序性裁判）对性质加以确认的重大程序法事项。程序性违法引发的程序性争议事项包括侦查行为性质争议事项、起诉行为性质争议事项和审判行为性质争议事项。非法证据排除是程序性违法引发的程序性争议事项的典型代表。非程序性违法引发的程序法争议事项是指由于出现了不属于程序性违法的程序性争议，引发控辩双方针对该事项相对立的诉讼主张，需要通过程序法事项裁判（程序性裁判）进行选择的重大程序法事项。主要包括未决羁押的决定、延长和解除、回避争议②以及刑事案件管辖异议等事项。例如控方主张延长未决羁押时辩方主张解除未决羁押。

程序法请求事项可分为控方提出的程序法请求事项和辩方提出的程序法请求事项。控方程序法请求事项，是控方对实施某一程序法事项提出的请求，多为申请采取强制措施或强

---

① 王敏远、熊秋红：《刑事诉讼法》，社会科学文献出版社2005年版，第167—168页。
② 笔者认为，单纯的回避申请应属于辩方程序法请求事项，但当回避申请引发程序性争议（即就是否应当适用回避双方存在相反主张），需要控辩双方各自证明其主张时，该程序性事项就从单纯的回避申请事项变成了回避争议事项，成为非程序性违法引发的程序法争议事项。

制性措施。① 辩方程序法请求事项,是辩方对实施某一程序法事项提出的请求,主要是申请恢复诉讼期限、证据保全等。②

程序性违法引发的程序法争议事项,其本质是某一诉讼行为性质的争议。对程序性违法引发的程序法争议事项的司法审查,是对某一诉讼行为存在程序性违法或不存在程序性违法的证明和裁判,其本质是对该诉讼行为性质是否符合成立、有效、合法或有理由要求的证明和裁判。控方程序法请求事项,是控方对实施某一诉讼行为提出的请求。控方程序法请求事项的司法审查,由控方对实施该诉讼行为符合法定要求进行证明,其本质是对实施该诉讼行为是否符合成立、有效、合法或有理由要求的证明和裁判。辩方程序法请求事项,是辩方提出的要求法院实施某一诉讼行为的请求。辩方程序法请求事项的司法审查,由辩方对实施该诉讼行为符合法定要求进行证明,即对实施该诉讼行为是否符合成立、有效、合法或有理由要求的证明和裁判。非程序性违法行为引发的程序法争议事项包括控辩双方分别申请实施的两种诉讼行为,其本质是两种诉讼行为取舍的争议。对非程序性违法引发的程序法争议事项司法审查的目的就是确认哪一种诉讼行为在符合成立、有效和合法等形式要求的同时,符合有理由的实体要求。③

---

① 强制性措施代指我国刑事诉讼法规定的5种强制措施以外的其他限制公民人身权、财产权的强制性侦查行为或强制性侦查措施,如搜查、秘密监听等,见王敏远《论我国刑事诉讼中的司法审查——以侦查中的强制性措施的司法审查为例的分析》,《法学》2015年第1期。

② 闵春雷教授将程序法事项称为程序性事实,将程序法争议事项和程序法请求事项称为程序性争议事项和程序性请求事项,见闵春雷、杨波、徐阳等《刑事诉讼基本范畴研究》,法律出版社2011年版,第24页。

③ 如控方认为应当对犯罪嫌疑人实施未决羁押,辩方认为应当对犯罪嫌疑人实施取保候审。非程序性违法引发的程序法争议事项的司法审查,就是要确认实施未决羁押和实施取保候审这两个诉讼行为,哪一个在符合成立、有效和合法要求的同时,符合有理由的要求。

综上所述，程序法事项和诉讼行为在实质上是相通的，对四种程序法事项的司法审查都是对诉讼行为性质的证明和裁判，即对诉讼行为是否符合成立、有效、合法或有理由的法定要求的证明和裁判。①

三 程序法事项的司法审查——程序法事项的裁判与证明

在传统理论中，法院司法裁判的对象只有一个，那就是被告人的定罪量刑问题，也就是被告人的行为是否构成犯罪，依照刑法应当给予何种处罚。此时的司法裁判，解决的问题是实体法问题，其性质归属自然也是实体法事项裁判。随着西方国家宪法、行政法领域的司法审查制度应用于刑事诉讼领域，法院的司法裁判对象增加了新的内容。在宪法领域，司法审查针对的是违宪行为，即对宪法违法行为进行审查；在行政法领域，司法审查针对的是行政违法行为，即对行政违法行为进行审查。无论是哪种领域的审查，都是以民告官的形式存在，由公民、法人或其他组织提起对违宪行为（宪法违法行为）或行政违法行为的司法审查之诉，通过法院的司法审查，评价立法机关立法行为、行政机关行政行为的法律效力，对违宪行为（宪法违法行为）和行政违法行为加以纠正或救济。刑事诉讼中的司法审查针对的对象是刑事程序法违法行为，即程序性违法行为，自然也应以民告官的形式存在，由公民、法人或其他组织提起对程序性违法行为的司法审查之诉。通过法院的司法审查，审查侦查机关和检察机关诉讼行为的合法性，评价侦查行为和检察行为的法律效力，对侦查违法行为和检察违法行为加以纠正

---

① 关于程序法事项和诉讼行为的关系，笔者有专门论述，见马可《程序法事实证明的概念、适用、实质与意义》，《中国刑事法》2013年第10期。

或救济。① 随着第二次世界大战后现代司法审查制度在刑事诉讼领域的正式确立，由法院受理司法审查之诉，对诉讼行为合法性进行审查，便逐步形成完善的制度。我们耳熟能详的程序性裁判、程序性后果、程序性制裁和程序性辩护等概念正是我国学者对西方法治国家司法审查制度的抽象描述。司法审查制度在刑事诉讼领域的运用，给司法裁判对象的内涵和外延都带来了巨大的变化。从此以后，法院司法裁判的对象就不再仅仅是被告人罪与罚的实体法问题，由程序性违法引发的侦检机关诉讼行为合法性这种程序法问题也正式成为法院司法裁判的对象。这就意味着对程序性违法行为的司法审查之诉和对实体性犯罪行为的定罪量刑之诉一起，成为法院司法裁判的对象，不仅仅是公民、法人或其他组织的犯罪行为可以成为司法裁判的对象，承担刑事实体法实施的公检法机关的程序性违法行为也可以成为司法裁判的对象。这种变化具有划时代的意义，它使得刑事诉讼法不再只是确保刑事实体法实施的程序法，同时也成为确保刑事诉讼本身依法进行的"实体法"（确保公权力机关刑事诉讼行为本身具有合法性的"实体法"）。

之所以要将司法审查引入刑事诉讼领域，以司法裁判和证明的形式由审判机关对诉讼行为合法性争议进行审查，其原因在于审判机关的中立性，以及司法裁判和证明程序的公正性。首先，审判机关与侦查、检察机关不存在隶属关系，因此具有较大程度的中立性，由其对侦检行为合法性进行审查显然要比侦查、检察机关自己进行内部审查具有更多的公正性。同时，司法裁判和证明程序一般而言是存在三方主体和控辩双方对抗的程序，它赋予了辩方与控方同等的地位，也赋予了辩方提出

---

① 实际上，程序性违法行为也包括审判行为，特别是初审审判机关的程序性违法行为，基于本书主要阐释审判机关对侦查机关和检察机关诉讼行为的司法审查问题，故暂且不对审判违法行为这一问题具体阐述。

己方主张、证明己方主张、质疑控方主张以及与控方公开辩论的权利。这种形式更加公开、公平,在公正性上远胜于行政审批或行政审查的模式。因此,正是因为司法裁判机关的中立性,域外法治发达国家才将审查诉讼行为合法性的重任赋予了司法裁判机关;正是因为司法裁判和证明的一系列优点,才使法院最终获得了对侦检机关侦检行为合法性审查的职权。

程序法事项的司法审查,由程序法事项的裁判与证明构成。程序法事项裁判,即程序性裁判,是指那些为解决控辩双方存在的程序性争议而举行的司法裁判活动。陈瑞华教授将狭义的程序性裁判定义为"专指法院针对侦查机关、公诉机关或者下级法院的程序性违法行为,为确定是否实施程序性制裁所进行的司法裁判活动"①。笔者认为,狭义的程序法事项裁判或程序性裁判一般是指对程序性违法引发的程序法争议事项的司法审查,而广义的程序法事项裁判或程序性裁判,则包括对程序性违法引发的程序法争议事项的司法审查和非程序性违法引发的程序法争议事项的司法审查。程序法事项裁判独立于实体法事项裁判而存在,被形象地称为"案中案""诉中诉",似乎可以不太准确地类比为刑事诉讼中的"行政诉讼"。在我国,法院的司法裁判权仅限于审判阶段,不能在审前阶段行使,同时,大多数重要的程序法事项不属于其裁判对象。司法审查之诉或者说程序法事项裁判(程序性裁判)将法院的司法权延伸到了审前领域和程序法事项领域。程序法事项裁判(程序性裁判)提供了程序法事项裁决的理论依据,有利于遏制程序性违法行为,规范侦查和检察公权力的行使,解决广大民众所关注的侦查专横问题。

程序法事项证明,是在刑事诉讼审前阶段或审判阶段,控

---

① 陈瑞华:《程序性裁判中的证据规则》,《法学家》2011年第4期。

方或辩方依照司法审查的要求提出证据,就将要实施或已经实施的某一程序法事项(诉讼行为)的合法性问题,向裁判方进行的论证说服活动。① 程序法事项证明把传统的刑事证明从实体法领域拓展到程序法领域,使大量的程序法事项成为了证明理论发挥作用的新的对象,由于诉讼(审判)与证明的紧密联系,程序法事项证明为程序法事项裁判(程序性裁判)提供了证明基础,为司法审查之诉在我国的确立提供了证明理论支持。

第二节 程序法事项司法审查的对象

程序法事项的司法审查,由程序法事项的裁判与证明构成。讨论程序法事项司法审查的对象,也就是讨论程序法事项裁判与证明的对象。如果说推进程序法事项的司法审查是建立广义审判中心主义第二路径,那么厘清哪些程序法事项可以成为程序法事项裁判和证明的对象则可以看作是建立广义审判中心主义第二路径的起点。上文中,笔者简要地介绍了可以成为程序法事项裁判和证明对象的四类程序法事项。在下文中,笔者拟对四种程序法事项进行详细分析。

一 司法审查的对象之一——程序性违法引发的程序法争议事项

由程序性违法引发的程序法争议事项包括侦检行为合法

---

① 闵春雷教授将程序法事项证明称为程序性证明,其定义为"程序性证明是在刑事诉讼中控辩双方或一方就案件的程序性争议或程序性请求运用证据向法官(或中立的第三方)进行的论证说服活动",见闵春雷《刑事诉讼中的程序性证明》,《法学研究》2008年第5期。

性争议(侦查行为或检察行为合法性争议)和审判行为合法性争议。程序性违法引发的程序法争议事项一般是由滥用侦查权导致的诉讼行为合法性争议,多为与侦查、检察机关的程序性违法行为相关的事项,因此侦检行为合法性争议事项是本书论述的重点。侦检行为合法性争议事项可分为违法取证行为和违法实施的其他侦检行为两类。违法取证行为包括获取言辞证据的违法取证行为和获取实物证据的违法取证行为。违法实施的其他侦检行为顾名思义包括违法取证行为之外的违法实施的其他侦检行为,包括违法拘留、违法逮捕、违法扣押、违法冻结等,在将来可能还会出现违法羁押[①]等。

(一)违法取证行为

我们所说的"非法证据排除",实际上应该是违法取证的后果。在程序法事项裁判(程序性裁判)中,法庭首先应当对辩方提出的"控方取证行为是否构成违法取证",即是否构成程序性违法进行认定。在认定该行为构成违法取证的基础上,再对该违法取证行为取得的证据材料是否构成非法证据,是否应当排除进行认定。如果法庭认定该证据材料属于非法证据且无法补救必须排除,此时才对违法取证获取的证据材料加以排除。在相当长的时间内,我国法律将非法证据仅仅界定为非法取得的言辞证据,而未对非法取得的实物证据或"毒树之果"(即依非法取得的言辞证据进一步取得的证据材料)加以规定。这就意味着获取实物证据的违法取证行为和获取"毒树之果"的取证行为不适用非法证据排除规则。2010年《非法证据排除规定》的颁布使"非法实物证据"进

[①] 在将来逮捕和羁押分离后,可能还会出现违法羁押的问题。

入了我国非法证据涵盖的范畴。① 此后,新修订的《刑事诉讼法》又以法律的形式明确将"非法实物证据"纳入我国非法证据涵盖的范畴。②

从注释法学的角度,根据法律规定,所有的违法取证行为都可以成为程序性违法引发的程序法争议事项。但是在中国现行刑事司法实践中,实际上只有获取言辞证据的违法取证行为才能成为程序法事项裁判和证明的对象。大量获取实物证据的违法取证行为在实然状态下仍是未被触及的领域,还不能成为与非法言辞证据相类似的程序法争议事项,因此也就不能成为程序法事项裁判和证明的对象。在将来的某个时候,在非法证据排除的立法规定真正能够被严格执行的情况下,获取实物证据的违法取证行为才有可能成为程序法争议事项,才会真正成为司法审查的对象。

(二) 违法实施的其他侦检行为

违法实施的其他侦检行为,也可简称为其他违法侦检行为,主要包括:违法拘留、违法逮捕、违法扣押、违法冻结等,在

---

① 必须指出,《非法证据排除规定》也是主要着眼于非法言辞证据。其十五条规定有十三条针对的是非法言辞证据,只有一条针对非法实物证据。因此,可以说获取言辞证据的违法行为是《非法证据排除规定》适用的主要对象,而获取实物证据的违法取证行为目前还处在"欲说还休"的状态。非法实物证据的排除只是在理论上刚刚进入《非法证据排除规定》的视野,在实践中实际上还是未被触及的领域。在非法言辞证据尚且难于排除的司法环境中,非法实物证据的排除更是难于触及的问题,这也许正是《非法证据排除规定》对非法实物证据和获取实物证据的违法取证行为惜墨如金的原因。

② 2012年修订的《刑事诉讼法》明确将"非法实物证据"纳入我国非法证据涵盖的范畴,应该说是我国法制的一个巨大进步。不过,在非法言辞证据排除尚且步履维艰的司法环境中,一些学者认为这种立法规定与实务脱节,在实践中难以实施。当然,学界的分析是建立在一般性的基础上的。我们不排除在特殊的个案中会适用非法实物证据排除,但这种适用的数量在全国范围内会极其有限,且案例可能会存在争议。

将来可能还会出现违法羁押等，都关乎犯罪嫌疑人、被告人的人身权和财产权。在存在程序法事项司法审查的国家，程序性违法行为的受害者有权就侦检机关实施的上述程序性违法行为提出程序性制裁的请求，如要求司法审查机关宣告该诉讼行为无效。司法审查机关在受理程序性违法行为受害者请求后，应当进行司法审查，上述程序法争议事项即成为程序法事项裁判（程序性裁判）和程序法事项证明的对象。遗憾的是，目前在我国，违法实施的其他侦检行为还都不是程序法事项裁判和证明的实然对象。

违法取证行为和违法实施的其他侦检行为有两点主要的不同之处：第一个不同之处是，违法取证行为是与获取言辞证据和实物证据密切相关的侦检行为；而违法实施的其他侦检行为不是违法取证行为，但是是违反刑事诉讼法，侵犯公民合法权益的程序性违法行为。第二个不同之处是二者的程序性制裁后果不同。针对违法取证行为的程序性制裁不在于宣告违法取证行为本身无效，而在于排除违法取证行为获取的非法证据，我国的非法言辞证据排除就是很好的例子。针对违法实施的其他侦检行为的程序性制裁在于宣告该违法侦检行为本身的无效，在于撤销或终止该违法侦检行为本身。如违法冻结的程序性制裁就是解除违法冻结，违法逮捕的程序性制裁就是解除逮捕措施，违法起诉的程序性制裁就是撤销起诉。总之，制裁后果是宣告该违法诉讼行为本身的无效，撤销或终止该诉讼行为本身。因此，违法取证行为的程序性制裁是对诉讼行为结果的否定评价，而违法实施的其他侦检行为的程序性制裁是对诉讼行为本身的否定评价。

二 司法审查的对象之二——控方程序法请求事项

控方的程序法请求事项①多为强制措施或强制性措施,如申请逮捕、申请搜查、申请秘密监听等。控方程序法请求事项成为程序法事项裁判和证明的对象,意味着侦检机关实施上述强制措施或强制性措施前,必须对实施该强制措施或强制性措施的合法性进行证明。如侦查机关准备对某甲实施逮捕,则其首先应向司法审查机关②提出实施逮捕行为的程序法请求,然后应当向司法审查机关证明其实施逮捕行为符合逮捕的法定适用条件,即实施逮捕行为具有合法性。此时,侦检机关不能仅仅说明理由,还负担证明责任,必须对其程序法请求的合法性举证加以证明。而且其证明还必须达到一定的证明标准,才能卸下证明责任,其程序法请求才能获得司法审查机关的批准。控方程序法请求事项作为程序法事项司法审查的对象的意义非常重大,一方面可以有效防范侦检机关公权力的滥用,另一方面可以对公民宪法基本权利③加以保护。我国宪法对公民基本权利有一系列规定,与刑事诉讼相关的若干公民基本权利主要保障公民的人身自由和合法的私有财产不受非法侵犯。由于控方程序法请求事项多为强制措施或强制性措施,实施任何一种都意味着对犯罪嫌疑人、被告人人身权或财产权的限制,亦即对公民宪法基本权利的限制。因此在采取上述措施时不能随心所欲,必须严格遵守宪法和刑事诉讼法的规定。要求侦检机关说

---

① 广义的控方包括侦查机关和检察机关,控方的程序法请求事项包括侦查机关和检察机关各自的程序法请求事项。

② 审查批准逮捕的司法审查机关在域外多为法院,在我国审查批准逮捕的机关是检察机关,检察机关能否作为司法审查机关在学界有不同意见。

③ 宪法基本权利是权利体系的核心,意指由宪法确认的国家强制力保障实施的个人在社会的政治、经济和文化等方面不可缺少的权利。本书中的公民宪法基本权利一般特指与刑事诉讼有关的宪法基本权利。

明其采取强制措施或强制性措施所依据的理由，对其程序法请求事项的合法性进行证明，也就显得非常重要。目前，我国仅在侦查机关采取逮捕措施前需要向外部审查机关提出申请，而采取取保候审、监视居住、搜查、扣押、秘密监听等措施前都不需要向外部审查机关提出申请，只由本机关进行内部行政审批。这种做法虽然方便了侦查，却也使侦查权过度膨胀，为侦查权的恣意运用打开了方便之门，造成宪法规定的公民人身权和财产权在审前阶段，特别是侦查阶段中经常受到侵犯。因此，要求侦检机关，特别是侦查机关接受外部司法审查，对其程序法请求事项进行证明，应该是我国法制现代化建设的必由之路。通俗地讲，侦检机关不仅应提出"我要抓人"的申请，还要说明"我为什么要抓人"和"我抓人依据的是什么"，最终还必须要证明"我抓人是合法的"。只有这样，才能使侦检机关实施强制措施或强制性措施有法可依，有法必依，才能更好地平衡打击犯罪与保障人权这两种价值，使公民的宪法基本权利不受肆意侵犯。

三 司法审查的对象之三——辩方程序法请求事项

笔者认为，辩方程序法请求事项有狭义和广义之分。狭义的辩方程序法请求事项应包括申请恢复诉讼期间、申请证据保全和申请证据调取等。广义的辩方程序法请求事项应包括未决羁押事项、回避争议事项以及刑事管辖异议事项。实际上非程序性违法引发的程序法争议事项与辩方程序法请求事项的界限有时难以分清，大多数非程序性违法引发的程序法争议事项都由辩方提出，而辩方提出该事项时，该事项往往以辩方程序法请求事项的形式存在，在为裁判方接纳并确认为程序性争议后才以程序法争议事项的形式存在。也就是说，大多数非程序性违法引发的程序法争议事项其实都是以辩方提出的程序法请求事项为基础的,或者说大多数非程序性违法引发的程序法争议事项的实质就是辩方程序法请求事项。本书中所讨论的辩方程序法请求事项指的是狭义的辩方程序法请求事项,是指排除了辩方所提出的程序法争议事项之外的其他的程序法请求事项,主要包括申请恢复诉讼期间、申请调取证据和申请证据保全等。未决羁押事项、回避争议事项以及刑事管辖异议事项都应当成为非程序性违法引发的程序法争议事项,笔者在下文会有阐述。无论是狭义上的辩方程序法请求事项还是广义上的辩方程序法请求事项,都体现了辩方的刑事诉权。

辩方的程序法请求行为同控方的程序法请求行为一样,具有启动诉讼程序或诉讼行为的功能,但也有不同之处。

首先,控辩双方程序法请求事项建立的权力(利)基础不同。控方程序法请求行为的权力基础是国家赋予其的公权力,来源于其追究刑事犯罪的职权,而辩方程序法请求行为的权利基础是公民的刑事诉权,来源于宪法赋予其的基本权利,表现为对自身诉讼权利的承认、变更和放弃。一者为权力,一者为权利;一者不能放弃,一者可以放弃。

其次,控方程序法请求事项证明和辩方程序法请求事项证明的目的不同。控方程序法请求事项的权力基础是国家赋予其的公权力,既然是公权力,就有滥用的可能,就需要规范和限制。建立控方程序法请求证明制度,要求控方证明其程序法请求合法性的目的正是为防止公权力的滥用和对私权利的非法侵犯。辩方程序法请求事项的权利基础是公民的刑事诉权。既然要规制公权力,就必须保障(甚至扩大)私权利,用私权利平衡公权力。因此,建立辩方程序法请求证明制度,并规定辩方较低的证明标准,较少的(必要时可以转移的)证明责任,则是为督促、鼓励辩方行使刑事诉权,维护自身权益,通过行使诉权对国家公权力加以制约。辩方程序法请求事项证明的实质是赋予辩方一个制度化的平台，使之能够在刑事诉讼体制内"为权利而斗争"。

对辩方刑事诉权的保障主要是确保辩方可以有效地参与到刑事诉讼进程中来，对刑事诉讼的发展施加影响，参与关乎自身权益的诉讼结果的形成。具体而言，就是保障辩方能够依照程序启动相关诉讼行为，实现其诉讼主张。辩方诉讼主张的实现一方面要靠其直接实施一定诉讼行为，另一方面要靠其向法院等公权力机关提出申请，间接地通过法院等公权力机关实施一定诉讼行为。能够由辩方直接实施的诉讼行为数量很少，主要是辩护和上诉。而由辩方通过申请而间接实施的诉讼行为则数量众多，如申请回避、申请证据保全、申请调取证据、申请恢复或延长诉讼期间、申请抗诉等。可以说，辩方诉讼主张的实现方式主要是靠申请法院等公权力机关实施这种间接方式。

在绝大多数时候，当事人诉权只能依赖于审判权等公权力的实施才能实现。如何保证当事人在行使诉权时能够相应地促使审判权等公权力启动并作为，就是一个重要的技术性问题。保障辩方诉讼主张的实现，进而保障辩方诉权的实现，就必须保证辩方申请法院等公权力机关实施诉讼行为、启动诉讼程序的渠道通畅。有申请，就有审查；有合法性，就应被批准。而不应使这种间接实施方式困难重重，以致流于形式。

辩方程序法请求事项司法审查的意义就在于为辩方这种对诉讼行为的间接启动设置制度化保障。其程序是由辩方提出程序法请求，同时对其程序法请求的合法性进行简单的证明，继而由法院等司法机关加以审查，只要具有合法性，就应当批准辩方的程序法请求，由法院等公权力机关代为实施辩方程序法请求涉及的诉讼行为。这种制度强调的不是辩方应当对其程序法请求加以证明和如何证明，而是只要辩方证明达到法定标准，司法审查机关就必须毫不迟疑地裁判批准并予以实施。保证司法机关接收辩方申请后无推诿的批准和实施，是辩方程序法请求事项证明制度的真正目的所在，归根到底是对辩方诉权的保障。有两个问题还必须指出，即适用于辩方的证明标准必须降低，证明方法须为自由证明，最起码在这两方面辩方不能高于控方。①

四 司法审查的对象之四——非程序性违法引发的程序法争议事项

程序法争议事项包括但不仅限于程序性违法引发的程序法争议事项，实际上还可以包括非程序性违法引发的程序法争议事项。非程序性违法引发的程序法争议事项可包括未决羁押的决定、延长和解除与回避争议以及刑事案件管辖异议这三种事项。这三种事项在本质上属于广义的程序法请求事项，但因存在控辩双方的程序法争议，且关乎当事人重大诉讼利益，并可能对实体法事项裁判产生一定影响，似乎可以将其归入程序法争议事项。同时，这三种程序法事项的司法审查程序，一般都存在控辩审三方主体，和控辩双方两个方向相反的证明，与"程序性违法引发的程序法争议事项"的裁判和证明基本一致。故而虽不存在程序性违法，笔者认为也应当将其纳入程序法争议事项的范畴中。为区别以非法证据排除为代表的"程序性违法引发的程序法争议事项"，此类事项可称为"非程序性违法引发的程序法争议事项"。

---

① 关于这一问题，笔者已有详细论述，见马可《程序法事实证明研究》，博士学位论文，中国人民公安大学，2011年。或见马可、吕升运《非法证据排除规则适用中的司法证明问题——以〈非法证据排除规定〉、2012年〈刑事诉讼法〉修正案及司法解释为视角》，苏州大学学报（哲学社会科学版）2014年第3期；马可、肖军、李忠勇：《逮捕、羁押措施的完善与证明标准的层次性研究》，《湖北社会科学》2014年第1期。

(一) 未决羁押的决定、延长和解除

在绝大多数英美法系国家和大陆法系国家，逮捕与未决羁押在适用程序方面是明显分离的。逮捕不过是以强制方式使犯罪嫌疑人到案的一种措施，它一般只会带来较短时间的人身自由的剥夺。在逮捕后法定的短暂羁押期限结束后，犯罪嫌疑人必须被送交司法官，由其进行司法审查，根据案件是否具备未决羁押的理由和条件，作出是否进行未决羁押的裁决。逮捕与未决羁押构成了两个相互独立的程序①，是两种相互独立的措施。②逮捕的功能和目的是强制犯罪嫌疑人到案，对犯罪嫌疑人进行讯问，正式启动刑事侦查程序。而未决羁押的功能和目的是排除诉讼妨碍，确保犯罪嫌疑人参加诉讼，消除社会危险性。二者剥夺犯罪嫌疑人人身自由的时间差别很大，逮捕所限制犯罪嫌疑人人身自由的时间一般非常短，最长不应超过三天③；而未决羁押限制人身自由的时间则较长，而且经司法官决定还可以延长。

由于未决羁押对人身自由剥夺的时间长、强度大，域外法治国家都将其归入事前司法审查的范畴。由法官在听取控辩双方意见的基础上，对是否应当适用羁押、是否应当延长羁押以及是否应当解除羁押进行裁决。在这个裁决过程中，一般存在着控辩裁三方主体和控辩双方就是否应当羁押进行的两个针锋相对的证明。

在我国，未决羁押不是一种法定的独立的强制措施，是由逮捕（和拘留）的适用所带来的持续限制犯罪嫌疑人、被告人

---

① 西方国家的无证逮捕在某种程度上相当于我国的拘留，它与未决羁押的关系和逮捕与未决羁押的关系相似，亦是两个彼此独立的措施。

② 在美国，逮捕属于强制措施，而未决羁押甚至不被视为强制措施的一种，二者具有明显不同的性质；法、德等大陆法系国家把逮捕和未决羁押视为两种强制措施，性质亦不相同，这和英美法系国家的规定有异曲同工之妙。

③ 见《联合国公民权利和政治权利公约》的规定。

人身自由的当然状态和必然结果。不同于西方国家逮捕与未决羁押分离的制度设计，我国实行捕押合一的制度，而这种逮捕与未决羁押二合为一的设置造成了一系列问题。

逮捕与未决羁押的分离问题，很多学者都有所论述，笔者亦然，在此不再赘述。笔者认为，应当借鉴域外合理制度改革我国现行逮捕制度，将逮捕与未决羁押分离；在逮捕与未决羁押分离后，申请批准逮捕仍应属于控方程序法请求事项，而未决羁押的决定、延长及解除则应当属于程序法争议事项，分析如下：

未决羁押事项，即未决羁押的决定、延长和解除问题，有些时候是控方提出申请，有些时候是辩方提出申请。在逮捕与羁押分离后，依照法治发达国家的通行做法，当犯罪嫌疑人被逮捕后，是否需要羁押应当由司法审查机关决定。此时，控方可以提出未决羁押申请，要求司法审查机关批准对犯罪嫌疑人进行羁押，而辩方也可以提出取保候审（或监视居住）申请，要求司法审查机关批准对犯罪嫌疑人实施取保候审（或监视居住）。无论是控方提出的申请还是辩方提出的申请，一般而言，都不会得到对方的同意，这样就会形成程序法争议，司法审查机关则应对这一程序法争议事项进行程序法事项裁判。未决羁押的延长一般由控方提出，辩方显然会持反对意见，而未决羁押的解除则由辩方提出，控方一般会持反对意见，这两种情况和未决羁押的决定一样，都会引发程序性争议，都需要控辩双方进行程序法争议事项的证明，由司法审查机关进行程序法事项裁判。未决羁押事项涉及未决羁押的决定、延长和解除三个问题，虽不涉及程序性违法，但都引发了控辩双方的程序性争议，实际上是一个"非程序性违法引发的程序法争议事项"的集合体。

非程序性违法行为引发的程序法争议事项包括控辩双方分

别申请实施的两种诉讼行为，其本质是两种诉讼行为取舍的争议。对非程序性违法引发的程序法争议事项进行司法审查的目的就是确认哪一种诉讼行为具有合法性，应当选择适用。当侦查机关认为应当对犯罪嫌疑人实施未决羁押时，辩护人却认为应当对犯罪嫌疑人实施取保候审，此时就需要控辩双方对其主张实施的诉讼行为进行证明。也就是要通过司法审查确认实施未决羁押这一诉讼行为具有合法性，还是实施取保候审这一诉讼行为具有合法性。① 司法机关应当在双方证明的基础上进行程序法事项裁判，由司法机关最终选择实施未决羁押还是取保候审。

在此需要指出，"超期羁押"问题和我们在这里讨论的"未决羁押的决定、延长和解除"不同，"超期羁押"实际上已构成程序性违法，应当归入"程序性违法引发的程序法争议事项"，而不属于"非程序性违法引发的程序法争议事项"。

综上所述，未决羁押事项（未决羁押的决定、延长和解除）应当是一个非程序性违法引发的程序法争议事项。如果将未决羁押的决定、延长及解除归入程序法争议事项，那么程序法争议事项的外延在界定时就将包括程序性违法引发的程序法争议事项和非程序性违法引发的程序法争议事项两种，程序性违法的有无也就不再是判断某一程序法事项是否属于程序法争议事项的唯一标准了。

（二）回避争议事项

回避关乎案件的公正审判，世界各国均对该问题非常重

---

① 笔者之所以在此处将这一问题表述为"哪一种更加具有合法性"，而不是"哪一种更加具有合理性"，其原因在于讨论诉讼行为合理性的基础是大量可供选择的替代手段，且替代手段应由强到弱呈阶梯状排列。目前我国不存在这样可供充分选择的可替代手段，而且现存替代手段也不具备由强到弱的阶梯状排列的条件。所以，笔者认为现阶段还无法讨论诉讼行为的合理性问题，只具备就诉讼行为的合法性进行讨论的理论和制度基础。

视。回避包括无因回避和有因回避。我国回避制度没有无因回避的规定，奉行的是有因回避。虽然刑事诉讼法和相关司法解释对回避理由有严格详尽的规定，但在"如何证明回避理由""由谁证明""证明到何种程度"等问题上没有具有可操作性的规定。① 对辩方提出回避要求后，控方或被申请回避者不服，如何反驳的问题更未规定。控辩双方也不能在存在回避争议时，在同一时空、同一程序中向回避决定机构同时提出主张，说明理由，对证据材料加以质证，或进行辩论。笔者认为，单纯的回避申请应属于辩方程序法请求事项，但当回避申请引发程序法争议（即就是否回避问题双方存在相反主张），需要控辩双方各自证明其主张时，该程序法事项就从单纯的回避申请事项变成了回避争议事项，成为非程序性违法引发的程序法争议事项。此时，就应当按照程序法争议事项的裁判和证明规则进行司法审查，在裁判过程中，也应当存在控辩审三方主体和控辩双方就是否应当回避进行的两个针锋相对的证明。但是，我国对回避申请事项的决定，实际上仍然处于类似行政审查或行政审批的状态，对回避争议事项的决定就更谈不上诉讼化的司法审查了。由于回避争议事项的重要性，行政审批式的裁决往往不利于发现事实真相，其公正性也饱受质疑。故而笔者认为应当将存在程序性争议的回避争议事项纳入非程序性违法引发的程序法争议事项的范畴，通过以程序法事项裁判（程序性裁判）方式进行的司法审查对回避争议事项进行裁决。

---

① 单纯的申请回避应属于程序性请求事项，但当回避申请引发争议，需要控辩双方各自证明其主张时，该程序性事项就从单纯的申请回避事项变成了回避争议事项，即成为了程序性争议事项，应当按照程序性争议事项的证明规则进行证明。

(三) 刑事案件管辖异议事项

刑事案件的管辖异议是近十几年学者们提出的一个争鸣问题，它与回避问题密切相关。如果回避申请只涉及审判机关的某个个人时我们可称之为"回避"，而如果回避涉及该审判机关的全体人员时，则可以称为"刑事案件管辖异议"。这种刑事案件的管辖异议不同于民事案件的管辖异议，并不主要解决某一审判机关的刑事管辖权问题，它所关注的是某一审判机关作为一个整体与某一刑事案件的利害关系以及如何避免这种利害关系对案件的处理产生不公正的影响。显然，这种刑事案件的管辖异议在性质上比回避争议事项要严重得多。但是，如果说回避还有一套类似于行政审批的程序的话，那么刑事管辖异议则连基本概念都尚未被国家立法和司法机关所接受，更无相应的司法审查制度和证明程序，属于我国刑事诉讼和刑事证明中的一个空白领域。前面，我们谈到回避争议事项应当归为非程序性违法引发的程序法争议事项，作为程序法事项裁判和证明的对象，那么刑事管辖异议事项就更应当归为非程序性违法引发的程序法争议事项，作为程序法事项裁判和证明的对象。刑事管辖异议也应和回避争议事项一样，按照程序法争议事项的裁判和证明规则进行司法审查，在裁判过程中，也应当存在着控辩裁三方主体和控辩双方两个针锋相对的证明。

五　推进程序法事项司法审查的必要性

在侦查阶段、审查起诉阶段，存在着大量的程序法事项。这些程序法事项可以理解为诉讼行为，其合法性问题必须加以解决，才能保证刑事诉讼能够依正当程序合法地进行。侦查机关和检察机关负有对犯罪进行侦查、起诉的职责，追求刑事实体法的实现，共同组成了"控方"。因其行政机关性质，侦检机关更多关注效率价值，与司法机关对公正价值的优位关注存在一定差别。① 为侦破犯罪和顺利起诉,在司法实践中确实存在着一些侦检机关,特别是侦查机关违法办案的现象。刑讯逼供、暴力取证、超期羁押屡禁不止,拘留、搜查、扣押、冻结、秘密监听随意运用。审前阶段,特别是侦查阶段是公民人身权、财产权和诉讼权利受侵犯最严重的阶段。世界各国都存在着行政权的专横问题,行政专横往往表现为代表国家行政公权力的行政机关对行政相对方(多为公民)的压迫,对公民权利的侵犯。在刑事诉讼中则表现为代表国家追诉犯罪的侦查机关和检察机关在行使公权力时侵犯相对方②的正当权利,或在实施诉讼行为时不遵守刑事诉讼法的规定,甚至公然实施程序性违法行为。世界各国为规制侦检权力的滥用,建立了各种制度。这些制度各有特色,却有一个重要的共同点,就是都要对侦检机关实施的程序法事项进行司法审查,要求侦检机关对其侦查行为或公诉行为的合法性进行证明。③ 无论是申请实施某一强制措施或某一强制性措施前的司法审查,还是对已实施诉讼行为

---

① 公安机关是我国的治安保卫机关,性质上属于行政机关,其他侦查机关也大都具有行政机关性质。但检察机关的性质争议较大,我国宪法规定检察机关的性质是司法机关,学界则多认为其具有或至少在一定程度上具有行政机关的性质。笔者无意对检察机关的性质加以讨论,只是在分析程序法事项裁判和证明问题时倾向于更多地关注检察机关表现出的行政机关性质的一面,故暂且将其与公安机关等显然具有行政机关性质的侦查机关归为一类,合称侦检机关,一同分析其共性。

② 主要是犯罪嫌疑人(被告人)及其法定代理人、辩护人。

③ 比如,为了防止侦查机关随意对公民采取强制措施或强制性措施,英美法系国家建立了令状制度,大陆法系国家建立了二级预审法官制度,由法官对侦查机关准备实施的强制措施或强制性措施进行审查。此时侦查机关不但要提出强制措施或强制性措施的实施请求,而且要向法官证明实施该强制措施或强制性措施符合法定条件,即具有合法性。再比如,为了防止侦查机关实施程序性违法行为,英美法系国家建立了非法证据排除制度,大陆法系国家建立了诉讼行为无效制度。当辩方认为侦检机关的诉讼行为存在程序性违法时,可以提起司法审查之诉,此时侦检机关必须对自己诉讼行为的合法性进行证明。

合法性的司法审查，侦检机关都要通过证明使司法审查机关确认其诉讼行为的合法性。通过这种方式，行政性质的侦检权可以得到较好的控制，再也不能随心所欲地使用，而只能遵守程序法，以"合法"的形式"依法"使用。

由此可见，程序法事项的司法审查能够很好地约束侦检机关的诉讼行为，使之在合法的轨道上运行，对规制侦检权等行政性质公权力的滥用可以起到实质性的遏制作用，因此是十分必要的。

习近平同志指出，"当前，司法领域存在的主要问题是司法不公，司法公信力不高问题十分突出"，而"司法不公的深层次原因在于司法体制不完善、司法职权配置和权力运行机制不科学、人权司法保障制度不健全"。"绝不允许滥用权力侵犯群众合法权益，决不允许执法犯法造成冤假错案"，要"做到有权必有责、用权受监督、违法必追究"，"要靠制度来保障，在执法办案各个环节都设置隔离墙、通上高压线，谁违反制度就要给予最严厉的处罚……"①

我们应当努力贯彻习近平同志的上述指示，珍惜党中央"推进以审判为中心的诉讼制度改革"的契机，推动司法裁判权向程序法事项领域和审前阶段这两个方向的扩张和延伸，以授权审判机关对侦查机关和检察机关实施的程序法事项进行司法审查来实现广义的审判中心主义，借此调整司法职权配置和刑事诉讼构造，监督侦查机关和检察机关的诉讼行为，确保侦查行为和检察行为具有合法性，保护公民人权，避免吐槽鸿茅药酒遭警方跨省抓捕一类事件的再次发生。

---

① 习近平：《关于〈中共中央关于全面推进依法治国若干重大问题的决定〉的说明》，新华网 http：//www.xinhuanet.com/politics/2014-10/28/c_1113015372.htm，人民网 http：//politics.people.com.cn/n/2014/1029/c1001-25926928.html，最后一次访问时间 2018 年 5 月 27 日。

第二章

建立搜查措施的适用条件（证明对象）和证明标准[①]

中共十八大以来，习近平总书记多次就全面依法治国做出重要论述，公正司法是撬动实现全面依法治国的支点，因为"公平正义是政法工作的生命线，司法机关是维护社会公平正义的最后一道防线"；而实现的方式就是推进司法改革，以制度的方式保障司法公正的实现，"政法战线要肩扛公正天平、手持正义之剑，以实际行动维护社会公平正义……决不允许执法犯法造成冤假错案……要靠制度来保障，在执法办案各个环节都设置隔离墙、通上高压线"。所以说，司法公正是司法改革的目标，司法改革是实现公正司法的保障，要"努力让人民群众在每一个司法案件中都感受到公平正义，所有司法机关都要紧紧围绕这个目标来改进工作，重点解决影响司法公正和制约司法能力的深层次问题"。在笔者看来，上述讲话精神对于刑事诉讼提出了更高的要求，不仅是过往强调的诉讼结果公正，更是强调以制度来保障司法阶段性公正与诉讼过程性公正，目前的审判中心主义诉讼制度的改革就是以此为基础与目标。

侦查是刑事诉讼的重要环节，在过去的侦查中心主义时期更是扮演着"做饭"的角色，在目前司法改革中，诉讼制度的改革

---

① 本章内容是本书作者中国人民公安大学博士论文的一部分，于2007年年底手写于哈尔滨工业大学二校区314博士生宿舍，被全文剽窃，造成论文无法在期刊发表，因不宜追究，只能非常遗憾地收于本书，成为一章。

强调的不仅是侦查结果的合法性，更是侦查过程的合法性与合理性。搜查，是刑事侦查的重要手段，是指侦查人员依法对犯罪嫌疑人以及其他可能隐藏罪犯或证据的人身、物品、住处和其他有关地方进行搜索、检查。① 它在收集证据、查获犯罪嫌疑人方面有着举足轻重的作用。而搜查作为一种经常适用的侦查措施，直接针对公民的人身自由权、财产权、住宅权和隐私权，往往因其强制性而与公民基本权利发生冲突。因此可以说，构建完善的搜查制度不仅具有重要的实体价值——实现案件侦破与推进诉讼进程；也具有重要的程序价值——彰显人权保障的理念，所以说，这是司法改革的题中之意，是公正司法的必然要求。

如今在实现控制犯罪与人权保障平衡的基础上完善侦查程序，进而实现司法阶段性与诉讼过程性公正在各界业已形成共识。从我国刑事诉讼法的两次修改上来看，限制人身自由的强制措施受到了立法者更多的关注，尤其是审查批准逮捕中的证明问题，即逮捕措施合法性的证明问题，已基本得以解决。但搜查制度未能得到应有的重视，如果将搜查与逮捕进行比较，我们甚至可以得出以下结论：从搜查的目的和结果来看，其对公民基本权利的干预更为广泛；从搜查的启动条件来看，其启动的恣意性更令人担忧。因此，如何从制度角度规范搜查行为与搜查措施，已经成为影响公正司法实现的重要因素，是当前亟待解决的重要问题。既有的讨论往往从主体、权利配置、程序等角度讨论，而大多又急于借鉴与移植域外法经验，但由于其理论基础与国内迥异，因此相关讨论并没有实际成效。② 笔

---

① 崔敏：《刑事诉讼法教程》，中国人民公安大学出版社2002年版，第460页。

② 相关讨论如蒋丽华《法治视野下搜查程序问题研究》，《当代法学》2004年第5期；张建良、王利平：《我国刑事搜查启动程序的反思与重构》，《湖北警官学院学报》2010年第3期等。学界关于此讨论不多，成果不丰，实效不显。

者认为，从证据法的角度，运用对搜查措施合法性的证明对搜查措施加以规制，也许可以跳出既有的藩篱，另辟蹊径，解决上述问题。

从证明角度来看，对搜查措施合法性的证明可以从证明对象和证明标准两方面展开。在搜查措施合法性的证明中，必须设定一个证明对象，才能使此后的证明有的放矢。正如逮捕措施合法性证明中的证明对象，实际上就是逮捕的条件，搜查措施合法性证明中的证明对象，实际上也就是搜查的条件。同样的，搜查措施合法性证明中的证明标准，也类似于逮捕措施合法性证明中的证明标准。搜查条件（证明对象）和证明标准的关系可以做如下描述：侦查机关应当证明其申请的搜查行为符合搜查的条件，也就意味着侦查机关要对搜查条件这一证明对象加以证明。那么，证明到什么程度才可以使审查搜查申请的人员认定符合搜查的条件呢？这就是搜查证明标准要解决的问题。为了和现行法中审查批准逮捕制度中的术语"逮捕条件"保持一致，笔者倾向于使用"搜查条件"这一较为直观的用语，而不是"搜查措施合法性证明中的证明对象"这一较为抽象的用语。

第一节　搜查证明问题概述

一　搜查措施分析

（一）搜查措施对公民基本权利的干预

公民基本权利，是国家法律保障个人权利的最高依据和准则，是由宪法确认的以国家强制力保障实施的个人在社会的政治、经济和文化等方面不可缺少的权利。搜查会对公民基本权利造成一定程度的侵犯，是由搜查的性质和功能所决定的，也是我们探讨搜查需要加以规制的起源，有必要厘清之。

第一，搜查的性质决定其具有干预公民基本权利的本质属性。公民基本权利如人身自由、合法财产等受到宪法与法律的确认与保护，而传统侦查手段，如羁押、搜查、扣押，却是直接针对公民基本权利，因此，搜查与公民基本权利之间构成一定冲突。"当我们谈论刑事侦查中基本的法治标准的范围时，这些措施应当受到首要的、非同一般的关注。"[1] 即使美国将"同意搜查"视为一种任意侦查行为，仍然不能改变其干预公民基本权利的本质属性。

第二，搜查的功能是确保被追诉人到案或减少社会危害性；收集作为证据之物，为后续的追诉奠定基础；查获作为犯罪之物（违法所得、犯罪工具和违禁品），以确保返还被害人和刑罚的执行。由搜查的功能决定，搜查是以发现应被追诉人或应扣押之物（犯罪证据或应没收之物）为目的，可见搜查的对象除公民人身外，还指向公民的财物（主要是住所搜查和对物搜查），因此，即使是合法的搜查也难免会侵犯公民基本财产性权利，更毋庸说非法搜查。

第三，搜查会对公民基本权利造成直接的或间接的侵害。一般而言，搜查行为本身具有物理强制力，这种干预既可能对公民基本权利造成直接侵害，也可能造成间接损害。例如，在搜查过程中，难免暂时限制被搜查人的人身自由；执行搜查时可采取强行进入、开锁、启封等必要措施，这就对被搜查人的财产造成直接侵害；搜查时进入被搜查人的住所，难免会侵犯其隐私权。正是基于此，法治国家在对搜查程序进行设计时，都将保障人权作为其重要理念。

---

[1] ［德］苏姗娜·瓦尔特：《德国有关搜查、扣押、逮捕以及短期羁押的法律：批判性的评价》，陈光中、［德］汉斯约格·阿尔布莱希特主编：《中德强制措施国际研讨会论文集》，中国人民公安大学出版社2003年版，第164页。

综上所述，搜查所可能干预的公民人身权、财产权、住宅权乃至隐私权，都是宪法所规定的基本权利，理应得到刑事诉讼法的尊重和认可，只是为了实现犯罪控制的任务使得法律允许侦查机关在一定条件下、一定程度上对于公民基本权利予以适当限制。

（二）现行搜查制度中存在的问题

搜查作为一种适用广泛的强制性措施，与公民的人身自由、财产权等基本权利息息相关，即便是合法搜查，也会对公民的正常生活造成影响，随意启动搜查程序，必将对公民权利造成极大威胁。因此，搜查程序的启动必须十分慎重。在我国侦查实践中，存在着脱离实际需要、过度使用搜查措施的现象，其根本原因就在于搜查程序启动的恣意性，而造成启动恣意的原因则在于搜查证明的缺失，具体体现如下。

1. 未对搜查条件做出明确规定

搜查条件，也称搜查的法定条件、搜查的法定适用条件、提请搜查的条件，就是侦查人员认为应当实施搜查行为的理由或者条件。从证据法学的角度来看，就是搜查合法性证明中的证明对象。设置搜查条件，一方面是使侦查人员的搜查请求符合合法性的要求，另一方面，也为搜查证的签发机关做出正确判断提供了依据。然而在我国刑事诉讼法及相关规定中，搜查启动的法定条件阙如。在侦查实践中，只要侦查机关出于收集犯罪证据、查获犯罪人的目的就可以进行搜查，也就是说，根据需要随时可以进行搜查而不受限制。细细推敲，我们就可以发现这样的规定是多么"危险"。因为这样的规定不仅不符合"法律保留"原则，而且在实际运行中有着滥用的风险，因为在案件侦破之前，任何人都可能是嫌疑人，也可能是隐藏罪犯或犯罪证据的人，在不要求具体说明搜查的地点和对象，并有相当理由的情况下，那将导致搜查的启动任意化，必将造成人人自危局面的出现。

2. 搜查决定权由侦查机关行使

我国刑诉法与国外刑诉法相比，在搜查程序上的最大区别就是将签发搜查证的决定权交由侦查机关行使，实行侦查机关内部审查。根据我国《人民检察院刑事诉讼规则（试行）》和《公安机关办理刑事案件程序规定》的规定，检察长和县级以上公安机关负责人是搜查的决定者。[①] 将搜查的决定权交由侦查机关行使，无疑使侦查机关绝对地凌驾于被追诉人之上，违背了现代刑事诉讼所遵循的"平等武装原则"和程序正义的要求。正是因为我国刑事诉讼法中缺乏司法分权机制，才有学者批评我国刑事诉讼法是一部集权型刑事诉讼法。[②] 一方面侦查人员无须"可能的理由"就可请求对怀疑对象进行搜查，而另一方面，是否搜查的决定权掌握在侦查机关手中，这两方面因素结合在一起，搜查程序启动的随意性就不可避免。

3. 搜查对象和范围缺乏限制

在司法实践中，搜查的对象和范围不具体明确，凭一张搜查证侦查机关可以搜查多处、多种物品，甚至是多个人身。再加上搜查证记载的内容相当简单，既无搜查的理由，又无明确、具体的搜查范围，也无期限的限制，侦查人员的自由裁量空间非常之大，这为搜查的恣意实施大开方便之门，容易诱发违法搜查行为的发生，侵犯被搜查人的基本权利。

除此之外，我国搜查制度还存在着缺乏独立的司法审查、无证搜查语义不清、缺乏监督与救济体系等问题。[③] 这些都与

[①] 《人民检察院刑事诉讼规则（试行）》第 220 条和《公安机关办理刑事案件程序规定》第 217 条。

[②] 万毅、林喜芬：《宪政型与集权型：刑事诉讼模式的导向性分析》，《政治与法律》2006 年第 1 期。

[③] 天津市河北区人民检察院课题组：《对搜查、扣押、冻结等强制性侦查措施检查监督有关问题研究》，《法学杂志》2011 年第 2 期。

搜查的证明问题息息相关,有待立法予以规范。但由于涉及更为宏观的问题,因此一般而言难以触及,笔者在此不做赘述。

二 搜查中侦查机关承担证明责任的法理依据

刑事诉讼的最终结果是处理犯罪与保障无辜,为了正确实现国家刑罚权,公权力机关对公民基本权利进行强制性限制也是必不可少的。这些强制行为,有的是为了侦查犯罪的需要,有的是为了保全证据,从而保证诉讼的顺利进行及判决的有效执行,也有的是为了预防犯罪等。[①] 但无论何种情形,刑事诉讼法上的强制性措施均构成对基本权利的干预,即对公民的基本权利在以公共利益的需要为前提下,许可国家以制定法律的方式来限制。对基本权利加以限制的,并非因为国家可以在法律上有概括的优于人民的优越地位,而是因为宪法肯定基本权利的存在,但是这种权利的行使可能会影响到宪法所要保障的其他的或者更高的合法利益,包括公共利益和其他个人利益等。因此,宪法一方面肯定基本权利的存在,另一方面也认为这个利益可能被滥用,对他人及集体利益产生威胁,所以二者之间存在一个"潜在的紧张关系"[②],这种紧张在刑事诉讼中由潜在变为现实。

在现代法治国家无一不对这种对公民基本权利的限制行为做出层层限制性规定,其中一个重要方面就是向中立第三方做出有搜查必要的证明。在现代刑事诉讼理念下,搜查证明问题的核心,就是侦查机关的证明责任问题。侦查机关为什么要对搜查进行申请和证明呢?从法理上来看,主要源于现代法治的基本原则与刑事诉讼的基本理念之需要。

[①] 左卫民、王巍:《论宪法基本权利与刑事诉讼》,《铁道警官高等专科学校学报》2003年第3期。

[②] 陈新民:《宪法基本权利之基本理论(上)》,元照出版公司1999年版,第185页。

(一) 正当程序之需要

正当程序（Due Process of Law），是一项源于自然法，形成、发展于英美国家的基本法律原则，现代也被法治国家看作是人权保障的核心理念。丹宁曾经对正当程序作了经典的描述："系指法律为了保持日常司法工作的纯洁性而认可的各种方法，促使审判和调查公正地进行，逮捕和搜查适当地采用，法律援助顺利地取得，以及消除不必要的延误等。"[1] 正当程序原则基本的要求是任何人不得担任自己事务的裁判者、裁判着必须是中立的第三方。在正当程序原则的要求下，在搜查措施的启动上，应当设立中立第三方，而由侦查机关向其证明有启动搜查之必要。可以说，没有正当程序的指引，搜查措施就会被滥用。

(二) 比例原则之要求

刑事诉讼法的目的与作用决定了其必然对宪法所保障的公民基本权利加以限制。然而问题的关键在于，过度限制与失衡必将导致对公民权益的侵犯。如何来消弭及调和二者的紧张关系，考察法治国家之规定，一般都以防御性体制为主，最为典型的是以德国为代表的，在美、英、法、日等国家及我国台湾和地区普遍适用的比例原则。

比例原则在自身的发展过程及各国的移植借鉴中不断得到完善，并渐渐跳出其行政法原则的范畴而被普遍上升为宪法原则，成为现代刑事诉讼的基本原则之一。具体内容为：一项法律文件对公民利益范围的触动，不但在目的上，而且在实现目的的手段上均要符合宪法；比例原则的宪法根据包括法治国家原则、平等原则和基本权利保障原则，其贯彻是对国家各种措施形式合法基础上的更高要求；立法者必须使用对公民利益侵

---

[1] ［英］丹宁爵士：《法律的正当程序》，李克强等译，法律出版社 1999 年版，第 1 页。

害最小的法律来实现国家所追求的目标,并确保法律对公民利益范围进行必要限制所使用的手段是有效的,进而在利益上进行总体斟酌,考察此手段实现的目标价值,是否显著高于因实现此目标所使用的手段对公民人身财产等基本权利的损害价值。比例原则,将正义作为目的,将限度作为社会秩序的界线,将公平视为违背比例相称的可能性之间的中部,正是法律终极价值目标——正义——的一种体现方式。比例原则不仅是法律体系内生的原则,同时也是各国法制所承认的实质法规范。它所显示的平衡与合法及斟酌的合理性,可以较好地限制公权,防止其出轨并保护公民的基本权利,这无疑是法治精神的精髓,应视为一国的宪法原则。比例原则不仅是审查行政裁量行为的基本标准,也应当是立法、司法等国家行为共同遵循的原则。

刑事诉讼的职权行为,尤其是实施刑事诉讼的强制处分或某些诉讼行为,对公民的基本权利进行公法限制时,由于这时的公权力与私权利存在直接的利益冲突,故一定要在追究犯罪与保障人权之间,寻求一个恰当的中部,保障刑事诉讼目的——实现刑罚权与为实现这一目的的手段——对公民基本权利的限制之间,能够达到最为理性化的平衡。所以,在刑事诉讼中一定要贯彻比例原则。这里的比例原则不能简单等同于"合比例"的思想,其精髓不仅仅是双方利益之间的衡量,更是一种目的与手段之间的价值选择。在刑事诉讼法的贯彻执行过程中,在"法律保留"的前提下,防止具体刑事诉讼运作在法律真空下出现权力滥用。最终使得刑事诉讼法在惩罚犯罪的追诉手段与保障公民权利、防止权力侵犯权利的目的之间实现平衡。①

---

① 左卫民、王戬:《论宪法基本权利与刑事诉讼》,《铁道警官高等专科学校学报》2003年第3期。

(三) 平等武装

现代刑事诉讼主要是建立在平等武装基础上的对抗制模式，这种刑事诉讼模式主要目的是："确保被告人免受警察不当行为的侵害，免受检察官滥用权力行为的侵害，确保审判程序的公正性。"① 平等武装原则根植于人类的平等权，是正当程序原则的要求。刑事诉讼的平等武装原则要求在刑事诉讼中控方与辩方处于同等地位，享有对等权力（利）。因此，侦查方向第三方证明有搜查之必要为其应有之义。

第二节 域外搜查的立法和司法实践

一 域外搜查的发动和批准权限

启动程序是搜查程序的逻辑起点，由于不合法的和不必要的、缺乏合理性的搜查行为必然导致公民合法权益的损害。启动程序应十分慎重许多法治国家对搜查申请、批准的主体，适用的条件都做出了严格规定。为防止搜查权力的滥用，保护公民的合法权益，域外众多法治国家或地区大都将搜查批准权和执行权予以分离。

美国基于联邦宪法第四修正案令状主义的要求，搜查权原则上属于法官，侦查机关只有在紧急情况下才可行使，其权力设置所内含的预设前提是"所有搜查与扣押均为恶，未经事前审慎审查是否有搜查的必要性，任何搜查则不具有正当性"。②

---

① ［英］J. A. 安德鲁斯：《刑事诉讼中的人权保障》，伦敦1982年版，第264页；转引自陈瑞华《正当法律程序与美国刑事被告人的权利保障》，《检察理论研究》1994年第3期。

② Coolidge v. New Hampshire, 403 U. S. 443, 467 (1971).

在德国，根据《德国刑事诉讼法》第108条之规定，对于人身、物品、住所或者其他场所的搜查原则上由法官决定，但在延缓搜查会有危险时，也可以由检察官或他的辅助官员决定。法国的搜查权在初步侦查中属于司法警察，但须经被搜查人同意；在现行犯侦查中，搜查权属于司法警察和司法官；在正式侦查中属于预审法官，但预审法官可以授权司法警察官行使。意大利侦查期间的搜查，原则上由法官或检察官批准，并作出附理由的决定。在日本，批准搜查的是法官，执行搜查的是检察官，或者是司法警察职员，但应遵照检察官的指挥。俄罗斯对住宅及人身搜查原则上由法官决定，但有紧急情形时除外。

综合以上各国情况，不论是英美法系国家和地区还是大陆法系国家和地区，通常情况下有证搜查都需要经过处于中立地位的法官签发令状，警察和检察官无权自行签发令状进行搜查。将批准权和执行权分开，由不同的机关来行使，有利于从制度上和程序上对搜查进行有效的制约，防止搜查权力的滥用，保护公民的正当权益。

二　主要法治国家的搜查证明标准

搜查证明标准，也称搜查的实质要件，也有人把它称为搜查的证明要求，即在什么情况下司法机关才能签发搜查令状，它与搜查的程序要件相对应。西方法治国家除通过法律或判例确立了司法令状主义对刑事搜查予以节制外，基于人权保障和正当程序的要求，又确立了一层更高的门槛，即刑事搜查证明标准作为实质要件。由于法律文化传统和司法体制的不同，各个国家搜查的证明标准亦有所差异。

美国宪法第四修正案规定了"相当理由或合理根据"（probable cause）作为搜查的证明标准，其含义是：当执法人员认识到所掌握的事实和情况可以使一个具有合理警觉的人相信犯罪已经发生或犯罪正在发生（在逮捕的情况下），或者相信在某个地方或某人身上可以找到某件东西（在搜查的情况下），才可以认为存在相当理由或合理根据。① 美国在将搜查的司法令状主义作为宪法内容的同时，又从宪法层次确立了搜查的证明标准，使法院对搜查的控制具有现实的可能性、可操作性，避免司法控制流于形式，同时也使令状的签发带有实质的合理性和正当性。这在深层次上折射出美国对公民基本权利限制的慎重。②

英国刑事诉讼程序确立了以"合理的理由"（probable cause）作为有证搜查搜查的证明标准。这里的"合理的理由"由法官根据申请人提供的材料判断，而不是由执行搜查的警察自行判断。考察英国《1984年警察与刑事证据法》之规定我们会发现，英国对不同对象的搜查适用不同的标准，对搜查人身或车辆采用了"合理的理由怀疑"，对住宅采用了"合理的理由相信"，"相信"的证明标准要高于"怀疑"。

在德国，由于被搜查人在诉讼程序中的地位不同，搜查的证明标准也不同，对于犯罪嫌疑人为"推测"可能收集证据，而对于犯罪嫌疑人以外的其他人的搜查为"依据实事进行推测"。

在日本，对犯罪嫌疑人的搜查，法官"认为有必要时"可以进行，而嫌疑人以外的人则受"足以认为有应予扣押的物品存在"的限制。

就法国刑事诉讼法来看，对于证明要求并未有明确规定，更多凸显职权主义诉讼模式的特点，如在正式侦查中就指明搜

---

① 周宝峰：《刑事被告人权利宪法化研究》，内蒙古大学出版社2007年版，第205页。
② 刘金友、郭华：《搜查理由及其证明标准比较研究》，《法学论坛》2004年第4期。

查对象是凡是可能发现有利于查明事实真相之物件或者信息资料的地点,① 反映其证明标准相对更具主观性。但这并不意味着法国搜查制度具有随意性,因为其更侧重于从权力相互制衡、程序复杂化角度对搜查进行限制。

三 搜查条件（证明对象）与证明标准之异同

英美法系国家在搜查的条件和搜查的证明标准上往往都会有所规定。以美国法为例,其搜查的条件与逮捕的条件一样都是相当理由,规定严谨详细。而大陆法系国家在证明对象和证明标准上较之英美法系国家则不是那么严格。

在关于美国刑事诉讼法的翻译中经常存在这样的一个问题,就是"搜查条件"与"搜查的证明标准"问题的翻译常常混淆。搜查的证明标准一般被译作"相当理由"或"合理根据",但在分析搜查的条件时,也使用"相当理由"或"合理根据"指代启动搜查需要符合的法定条件。这种表述经常会使人产生迷惑和误解。但实际上,在美国刑事诉讼规则中,搜查的条件与证明标准的内涵并不一致。② 作为搜查条件的"合理根据"是指以下内容：A. 要被扣押的财产是否与犯罪活动有关,B. 在要搜查的地方能否发现它。搜查条件实际上就是搜查事项的证明对象。侦查机关应当证明其申请的搜查行为符合搜查的条件,也就意味着侦查机关要对其证明对象加以证明。那么,证明到什么程度可以使法官认定符合搜查的条件呢？这就是搜查证明标准要解决的问题。作为证明标准的"相当理由",特指警察机关的证明应使法官内心达到的确信程度——一般情况

---

① 杨正万:《法国刑事搜查制度述评》,《贵州民族学院学报》2009年第6期。

② 为避免歧义,本书在讨论搜查条件问题时使用"合理根据",在讨论证明标准问题时使用"相当理由"。

下为50%以上的主观内心确信程度。① 换个易于接受的说法就是，警察机关要向法官证明搜查符合法定条件，让法官在内心中大致可以相信在要搜查的地方能够发现与犯罪活动有关的财物。搜查的条件的合理根据描述的是搜查应符合的法定条件是什么，搜查的证明标准的相当理由描述的是法官签署搜查令状时最起码得对搜查符合法定条件这个问题相信到什么程度。

在我国有关的理论讨论中，也常常混淆二者。如有学者在讨论英国搜查制度时，认为"警察要获得治安法官签发的搜查令必须达到以下证明标准：发生了严重可捕罪行，将要搜查的地点有对查明该犯罪具有重要意义的证据材料，而且该材料不受法律特权的保护"。② 这实际上就是对于搜查条件与搜查证明标准概念的混淆，实际上英国法上搜查的证明标准仅为"合理的理由"，其余的为搜查条件。另有学者研究美国法上的相当理由的标准时，提出相当理由量化困难，不可能是一个固定的标准。③ 其实该论述又不自知地将条件与证明标准问题混淆，所以笔者会支持这样的观点，即在美国法上搜查的证明标准一般为50%以上的内心确认。

---

① 应当做出说明的是国内多数讨论混淆了治安法官在决定搜查时对"相当理由"判断标准与法院在司法审查中对于"相当理由"的判断标准，错误理解了搜查证明标准问题，将其复杂化。实际上在Gates案中，美国最高法院已经作出说明，当被告人就搜查令的签发提出上诉时，上诉法院在判断"相当理由"时采用的标准应该有别于治安法官；治安法官采用的是事实性审查，即根据警察提交的宣誓书中包含的所有情况从实务和常识的角度来判断在某特定地点是否有相当可能性会搜查到违禁品或犯罪证据；但上诉法院应高度遵从治安法官对"相当理由"所做的判断。否则将导致有证搜查被替代与规避，令状主义陷入崩溃。参见Illinois v. Gates, 462 U. S. 213 (1983)。

② 郭铭文：《比较法视野中的刑事搜查证明标准》，《赣南师范学院学报》2011年第2期。

③ 侯晓焱：《论我国搜查证明标准的完善》，《国家检察官学院学报》2006年第1期。

第三节　设定我国的搜查条件和证明标准

一　我国搜查条件之建构

美国搜查的条件可以表述为两点：A. 被扣押的财产是否与犯罪活动有关。B. 在要搜查的地方能否发现它。这个条件是符合侦查实际的。搜查的目的就是寻找与犯罪有关的实物证据，因此在搜查前确定要被扣押的财产是否与犯罪活动有关，在要搜查的地方能否发现要被扣押的财产，是直接与搜查目的相关的。同时，这种搜查的条件很好地平衡了侦查效率价值与公民财产权保障价值。搜查的两个条件限定搜查行为只能针对与犯罪活动有关的涉案财产，搜查涉及的场所只能是能够发现涉案财产的地方。除此之外，与犯罪活动无关的财产和不可能找到涉案财产的地方则不允许搜查。这种限定，看似简单，实则切中要害，可以有效地规制侦查机关滥用搜查措施肆意侵犯公民财产权的行为。这样的搜查条件和搜查的证明标准相结合，更是为防止搜查权的恣意使用上了双保险。

我国应当借鉴美国的搜查条件，设定自己的搜查条件。我国的搜查条件完全可以比照美国的搜查条件设定为：在准备实施搜查的地方存在与犯罪活动有关的财物。我国搜查条件亦可分解为两个要件：A. 被扣押的财产是否与犯罪活动有关，B. 在要搜查的地方能否发现它。可以想象，这样的搜查条件不会给启动搜查行为设置过高的标准，不会对侦查效率有丝毫的减损。同时，却可以填补我国搜查条件的空白，有效地遏制搜查权无节制滥用的现象，促使侦查机关合理谨慎地使用搜查权，保证其对公民宪法基本权利的最起码的尊重。综上，我国的搜查条件应设定为"在准备实施搜查的地方存在与犯罪活动有关的财物"。设定我国的搜查条件,无论从理论还是实践上都具有重大的现实意义。

二 我国搜查证明标准之建构

搜查的条件设定后,必须要设定合理的证明标准,以使搜查条件的设定不会流于形式。在应然状态下,如果我国建立了针对搜查措施的司法审查制度或针对违法搜查的司法救济制度,那么,搜查条件的设定,可以使司法审查和司法救济对搜查行为合法性的审查有的放矢。明确的证明对象也可以使控方的证明、裁判方的认证有的放矢。而搜查证明标准的规定则可以使控方对搜查条件的证明有确定的标准。控方的证明达到了证明标准规定的主观内心确信程度,就视为控方完成了证明责任,裁判方应当批准搜查申请,允许启动搜查程序;如果控方的证明达不到证明标准规定的主观内心确信程度,就视为控方没有完成证明责任,裁判方应当驳回搜查申请,不允许启动搜查程序。

在实然状态下,当我国的搜查仍然以侦查机关内部的行政审批为唯一途径时,设定搜查条件和证明标准也多少可以对搜查权的滥用加以些许限制。在我国现行法中,搜查只有目的而没有任何限定条件,如果设定了搜查的适用条件,多少可以使侦查机关在适用搜查措施时,将其限定在与侦查条件相关的地点上,即确实与犯罪有关的地点,而不是毫无限制的任何地点。而合理设定了搜查的证明标准,则可要求申请搜查的侦查人员在申请搜查时最起码要有一定主观内心确信程度,除了单纯的怀疑之外要有一定依据。不但自己要内心确信,而且要通过证明让审查者具有一定的主观内心确信。而不能只凭借怀疑,甚至是不合理的怀疑就随意适用搜查措施。

当然,即便在侦查机关内部关于搜查的行政审批程序中设定了启动条件（搜查条件）和证明标准，其作用能有多大仍然未曾可知。但是这种方法却是在无法触及《宪法》《刑事诉讼法》关于司法职权配置的情况下唯一的选择。从积极的层面上说，也是规制搜查权滥用问题迈出的第一步。

在申请搜查之前，申请方应当对是否满足搜查的条件（即下列两个命题）有一定的主观内心确信程度——A. 要被扣押的物品是否与犯罪活动有关。B. 在要搜查的地方能否发现它。侦查机关应当对上述两个问题，依据现有证据材料、信息和事实具有一定内心确信之后，才能申请搜查。裁判者（无论是侦查机关的内部行政审批者还是外部司法审批者）都必须在侦查机关提出搜查理由和相关事实依据的基础上进行审查和认证。如果他已经能够基本确信要被扣押的物品与犯罪有关，而且在要搜查的地方能够发现它，那么，此时才能批准搜查。而不能像以前那样只凭怀疑或所谓的侦查需要，而不加区别地一味批准。

那么，搜查的证明标准要设定到什么程度才合适呢？笔者认为，美国搜查中的"相当理由"标准是符合证明理论与司法实践要求的。根据前文的分析，相当理由的标准对应50%以上的主观内心确信程度，可以通俗地解释为：执法人员认识到的和掌握的事实和情况可以使一个具有理性认知能力的人相信在某个地方或某人身上可以找到某件东西，相信要被扣押的物品与犯罪有关的可能性大于与犯罪无关的可能性，而且在要搜查的地方发现它的可能性大于不能发现它的可能性。

首先，设定相当理由的证明标准符合我国《宪法》关于公民权利的规定。《中华人民共和国宪法》第37条第3款规定："……禁止非法搜查公民的身体。"第39条规定："中华人民共和国公民的住宅不受侵犯。禁止非法搜查或者非法侵入公民的住宅。"2004年3月14日第十届全国人大第二次会议通过的宪法修正案已经明确规定："公民的合法的私有财产不受侵犯。"

而搜查作为一种强制性措施，从某种意义上说，正是对公民财产权的一种限制，也是对公民人格权的一种侵犯。由于搜查行为实施时，侦查人员直接进入公民的办公室、工作场所及住所，并会邀请被搜查处所的负责人员、工作人员、居民或居委会成员到场，对被搜查人的影响可想而知。如果搜查是必要的和合法的还罢，如果干脆是不合法的，那么就是对被搜查人人格权、名誉权的直接侵犯。日本刑事诉讼法要求，警察在搜查后如未发现任何可疑物品时，应当应被搜查人要求出具证明书，证明该搜查未出现任何可疑涉嫌物品，以清除公民的疑虑和不安，就是考虑到搜查行为对公民人格权、名誉权造成了伤害。如果说单纯对公民财产权的限制还不足以引起我们对规制搜查行为的重视的话，那么搜查行为可能引发的对公民人格权、名誉权的侵害是否可以再添一枚沉重的砝码呢？由于搜查行为可能对公民的财产权和人格权、名誉权造成较大侵害，因此采取搜查措施就应当慎之又慎。不能没有任何根据，仅凭无端猜测就启动搜查措施，而起码要达到一定的主观内心确信程度，也就是证明标准才可以决定实施。相当理由的一般情况的50%的主观内心确信程度是一种合理逻辑的证明标准——搜查申请者必须达到这样的主观内心确信程度才能申请搜查，而审查批准者必须具有这样的主观内心确信程度才能批准实施搜查。笔者以为，这个确信程度或者说证明标准是对宪法所规定的公民权利最低限度的尊重。之所以是一般情况，是因为笔者也认同这样的观点："搜查的实施也与犯罪的严重程度和受限制公民权利的重要程度有直接关联。这与警察权行使的比例原则是相符合的。"①

其次，相当理由的证明标准符合侦查的规律。设定搜查证

---

① 陈兴良：《限权与分权：刑事法治视野中的普察权》，《法律科学》2002年第1期。

明标准是为了规制搜查权的滥用，防止肆意使用搜查权对公民权利的侵犯，而并不是要降低侦查效率。侦查效率的价值始终是侦查阶段首要的价值，因此在设定搜查的证明标准时，该标准设定不宜过高，应当符合侦查的规律。① 在侦查的初始阶段，侦查机关不可能掌握十分充分的证据材料，在达到非常高的主观内心确信程度之后才去申请搜查。证据材料不是凭空出现的，是需要通过侦查机关的侦查活动收集获取的，而搜查措施正是侦查机关搜集获取证据材料的重要手段。因此设定过高的证明标准将使搜查活动难以启动。而且搜查措施本身就是搜集获取证据材料的重要手段，搜查活动难以启动也将使整个侦查活动陷于停顿。相当理由的证明标准是合理的，50%的主观内心确信程度在实践人权保障价值的同时又不会降低侦查的效率价值，不会出现搜查活动难以启动，侦查活动陷于停顿的情况。美国刑事诉讼数十年的成功实践，为我们提供了很好的域外样本和有力的证明。因此，笔者以为，将相当理由设定为我国搜查措施的证明标准是符合侦查规律的。

中共十八届三中全会提出全面深化改革的目标是实现国家治理体系和治理能力现代化，"治理"意味着社会各主体、各要素处于相对平等的状态。刑事诉讼中，过去强调的是公民对于公权力机关侦查、控告、审理案件时的配合与服从；当下"新常态"下审判中心主义的改革则是一扫沉疴，要"运用法治思维和法治方式"进行案件侦查，"绝不允许滥用权力侵犯

---

① 有学者通过实证研究说明，标准过高可能引发申请方采取替代与规避措施，包括通知到案、治安检查等，某地公安局法制科工作人员表示，当搜查对象为第三人时，审查控制的比较严格，根据侦查人员提交的案卷材料，必须对该第三人处藏匿有犯罪证据或者犯罪嫌疑人达到80%的内心确信，才会同意批准搜查，而该情形下，公安侦查人员基本都采取替代与规避措施，因为在侦查阶段，证据材料的获取较为初步，难以达到此标准。参见左卫民《规避与替代——搜查运行机制的实证考察》，《中国法学》2007年第3期。

群众合法权益，决不允许执法犯法造成冤假错案"。"法治思维和法治方式"就是要符合法治的基本原则。因此，完善搜查制度是时代之需，而建立搜查措施的适用条件（证明对象）和证明标准则是完善搜查制度的当务之急。

十八届四中全会做出全面依法治国的战略部署，司法改革是推进中国特色社会主义法治建设的应有之义。可以说，司法改革的推进与深入，不仅是一种挑战，也是一种机遇，是完善我国的各项法律制度的契机。期望我国的搜查制度也能在这一历史性的机遇中得到健全与完善，彰显"尊重和保障人权"的理念，实现习近平总书记"让人民群众切实感受到公平正义就在身边"的要求。

第三章

我国贪污贿赂犯罪追诉程序的完善[①]

伴随着贪污贿赂犯罪的持续高发，我国检察机关查办该类犯罪案件的数量也在呈逐年上升的趋势。[②] 国家对贪污贿赂犯罪打击力度的加大在客观上要求立法者必须尽快完善该类犯罪的追诉程序，以期能够在有效保障人权的同时，很好地适应现阶段国家全力反腐的需要。从贪污贿赂犯罪所具有的发现难、取证难、认定难、追逃难等追诉特点来看，我国现行的追诉程序仍然存在很多问题，比如贪污贿赂犯罪的侦查权力比较分散，主动性侦查措施严重不足，有利于证明事实的证据制度很不完

---

① 本章内容得益于和彭新林教授与吕升运博士的合作，在此致谢。彭新林，男，北京师范大学教授，中国刑法学研究会副秘书长；吕升运，男，北京大学博士。

② 据统计，2013 年 1—8 月，全国检察机关反贪部门共查办发生在群众身边、损害群众利益贪污贿赂案件 13163 件 18616 人；共立案侦查贪污贿赂犯罪大案 1.8 万余件，占立案总数的 80.8%，同比数量上升 5.7%；立案侦查贪污贿赂要案 1761 人，其中厅级以上干部 129 人。参见王丽丽《检察机关开展专项工作剑指群众身边腐败》，《检察日报》2013 年 10 月 18 日。2013 年，全国检察机关共查办行贿犯罪 5676 人，同 2012 年相比上升了 17.3%。参见雷鸿涛《中国将严惩行贿犯罪》，《法制周报》2014 年 4 月 29 日。2014 年以来，全国检察机关立案侦查贪污贿赂犯罪案件的件数、人数与去年同期相比分别上升 24% 和 19.8%；而且各省反贪办案数量都呈现大幅增长，如甘肃省检察机关 2014 年第一季度共立案侦查贪污贿赂案件 150 件 245 人，同比分别上升 87.5% 和 75%。参见彭波《高检院：反贪重点查办行贿犯罪》，《民主与法制时报》2014 年 5 月 19 日。

善，缺席审判的犯罪控制功能严重缺失，配合取证型协助与间接追回机制仍然具有较大的局限性等。① 这些问题的存在，已经在一定程度上影响了国家惩治贪污贿赂犯罪的力度和效果。本书限于篇幅，仅就贪污贿赂犯罪的证明、被追诉人的作证激励、被追诉人脱逃后的定罪量刑以及司法公信力的提升途径等问题，进行简要的分析和论证。

第一节　控方证明难的问题及推定规则的完善

由于贪污贿赂犯罪特别是贿赂犯罪的证据具有易变性、间接证据多、隐蔽性强等特点，司法机关在实践中经常会遇到证据不足、认定事实困难的情况，致使该类犯罪的"黑数"较高。在这当中，如何证明被追诉人具有贪污贿赂的主观故意，是追诉该类犯罪的主要难点之一。以受贿罪为例，《刑法》第385条规定："国家工作人员利用职务上的便利，索取他人财物的，或者非法收受他人财物，为他人谋取利益的，是受贿罪。"在司法实践中，由于很多国家工作人员是由其家属、情人等代为收受贿赂的，② 其往往会以不知情为由来否认自己有受贿行为，对此，控方很难找到确凿的证据来证明其主观上存在故意。2007年两高颁布的《关于办理受贿刑事案件适用法律若干问题

---

① 任学强：《腐败犯罪特殊诉讼程序研究》，博士学位论文，上海交通大学，2010年。
② 据调查，在当前的受贿案件中，有特定关系人参与的比例高达80%—90%。参见向晓静《对受贿犯罪趋势的新思考》，《检察日报》2003年6月3日；邹志宏《受贿案的司法调查》，《上海检察调研》2001年第2期。

的意见》第 7 条①亦将对特定关系人以及其他人与国家工作人员构成受贿共犯的认定建立在控方对特定关系人以及其他人与国家工作人员双方"通谋"的成功证明之上。从司法实践来看，要做到这一点同样是十分困难的，特定关系人以及特定关系人以外的其他人通常会与国家工作人员订立攻守同盟，以此来逃避法律的追究。尽管 2009 年出台的《刑法修正案（七）》第 13 条②规定，对于非国家工作人员也可以单独以受贿罪定罪处罚。但是，在国家工作人员不承认有共同犯罪主观故意的情况下，《刑法》只能打击国家工作人员的"身边人"，而无法打击其本人。从上述分析来看，在受贿犯罪当中，被追诉人主观方面的证明十分困难，如果立法不能够就此提供有效的解决方案，所谓的"全力反腐"就仅仅是一句口号，难以取得实质性效果。

一 建立健全推定规则解决控方证明难

笔者认为，建立健全贪污贿赂犯罪的刑事推定规则，是解

---

① 2007 年 7 月 8 日最高人民法院、最高人民检察院颁布的《关于办理受贿刑事案件适用法律若干问题的意见》第 7 条规定："国家工作人员利用职务上的便利为请托人谋取利益，授意请托人以本意见所列形式，将有关财物给予特定关系人的，以受贿论处。特定关系人与国家工作人员通谋，共同实施前款行为的，对特定关系人以受贿罪的共犯论处。特定关系人以外的其他人与国家工作人员通谋，由国家工作人员利用职务上的便利为请托人谋取利益，收受请托人财物后双方共同占有的，以受贿罪的共犯论处。"

② 《刑法修正案（七）》第 13 条规定："国家工作人员的近亲属或者其他与该国家工作人员关系密切的人，通过该国家工作人员职务上的行为，或者利用该国家工作人员职权或者地位形成的便利条件，通过其他国家工作人员职务上的行为，为请托人谋取不正当利益，索取请托人财物或者收受请托人财物，数额较大或者有其他较重情节的，处三年以下有期徒刑或者拘役，并处罚金；数额巨大或者有其他严重情节的，处三年以上七年以下有期徒刑，并处罚金；数额特别巨大或者有其他特别严重情节的，处七年以上有期徒刑，并处罚金或者没收财产。"

决这一问题的重要途径之一。作为诉讼证明的替代方法,[①] 推定已经成为解决特定类型犯罪法律事实认定问题的重要手段。2003年10月31日第58届联合国大会审议通过的《联合国反腐败公约》[②] 第28条明确规定:"根据本公约确立的犯罪所需要具备的明知、故意或者目的等要素,可以根据客观实际情况予以推定。"即对于贪污贿赂等腐败犯罪的明知、故意或者目的等主观构成要素,可以实行刑事推定,以降低侦控机关证明犯罪的难度,强化对贪污贿赂等腐败犯罪的打击力度。

实际上,我国《刑法》及相关司法解释中也有少数关于贪污贿赂犯罪刑事推定的内容。如《刑法》第395条规定的巨额财产来源不明罪,就是一种推定型罪名,当国家工作人员的财产或者支出明显超过合法收入且差额巨大,本人又不能说明其合法来源之时,差额部分的财产就会被推定为"非法所得"。又如1998年5月9日最高人民法院颁布的《关于审理挪用公款案件具体应用法律若干问题的解释》第6条就规定:"携带挪用的公款潜逃的,依照《刑法》第382条、第383条的规定定罪处罚。"而《刑法》第382条、第383条是关于贪污罪的规

[①] 汪建成、何诗扬:《刑事推定若干基本理论之研讨》,《法学》2008年第6期。
[②] 这是联合国历史上通过的第一个用于指导国际反腐败斗争的法律文件,也是迄今为止关于反腐败的最为完整、全面而又具有广泛性、创新性的法律文件,集中反映出当前国际社会反腐败的基本趋势,宣示了国际社会在反腐败问题上的态度和决心。公约于2005年12月14日正式生效,其内容除序言外共分8个章节、71项条款,涉及反腐败的立法、司法、行政执法、国家政策、国际合作和社会舆论等诸多方面,并确立了预防机制、刑事定罪和执法机制、国际合作机制、资产追回机制、技术援助和信息交流机制、履约监督机制六大反腐败的机制,对各国加强国内的反腐行动、提高惩治和预防贪污贿赂等腐败犯罪的成效、促进反腐败国际合作,产生了积极而重要的影响。2003年12月10日,中国政府签署了公约。2005年10月27日,十届全国人大常委会第十八次会议又审议并批准了公约。

定。也就是说,在"携带挪用的公款潜逃"这一基础事实成立的情况下,可以推定行为人主观上具有非法占有公款的目的,进而以贪污罪论罪科刑。毫无疑问,上述推定规则的确立,对于国家打击相关类型的犯罪,具有十分重要的意义。

但是,我们还应当看到,上述关于贪污贿赂犯罪的刑事推定规则具有较大的局限性:第一,未涉及推定的程序性规则。推定的程序性规则是推定的实体性规则得以有效适用的重要保障。从上述规则可以看出,我国贪污贿赂犯罪刑事推定的实体性规则已在一定程度上得以确立和适用,但是,与此相比较,该类犯罪刑事推定的程序性规则目前尚付诸阙如,亟待立法予以回应。第二,推定适用的范围比较狭窄。从适用的案件来看,立法规定的能运用刑事推定的贪污贿赂犯罪案件比较有限,基本上限于巨额财产来源不明罪以及前述的转化型贪污罪,而对于其他的贪污贿赂犯罪则没有明确规定。从适用的对象来看,贪污贿赂犯罪刑事推定适用的对象,主要限于特定贪污贿赂犯罪"非法所得"的推定以及"非法占有目的"的推定,而对于其他故意、明知等贪污贿赂犯罪主观方面要素和某些特定案件事实是否可以推定则缺乏明文的规定,等等。

二 建立健全刑事推定规则的立法设想

结合上文分析,笔者认为,可以考虑从以下几个方面来建立健全该类犯罪的刑事推定立法:

第一,设定推定的程序性规则。比如,为防止推定的误用以及满足当事人的知情权,立法可以规定,法官适用推定前要履行告知义务。立法还可以规定,推定不是首选规则,而是末位规则,只有在穷尽一般证明方法仍无效的情况下才能适用推定;[①]

[①] 汪建成、何诗扬:《刑事推定若干基本理论之研讨》,《法学》2008年第6期。

基础事实必须真实，推定要符合经验或逻辑法则，推定的结果可以反驳；转移证明责任的推定应当有法律的明确规定；等等。

第二，扩大推定的适用范围。从适用的案件来看，除巨额财产来源不明罪以及前述的转化型贪污罪之外，立法还可以将一些特定的贪污贿赂犯罪案件也纳入刑事推定的适用范围之内。从适用的对象来看，可以参照《联合国反腐败公约》第28条的规定，适度扩大推定和举证责任倒置的适用范围，对贪污贿赂犯罪中某些确实难以证明的主观构成要素，如以非法占有为目的、故意、明知等要素，可以根据实际情况实行推定。比如立法可以规定，当出现特定关系人或者特定关系人以外的其他人利用国家工作人员职务之便收受他人贿赂，国家工作人员为该人谋取了利益的情况之时，就可以推定共同故意的存在。立法还可以针对某些特定案件的事实设定推定规则，比如可考虑在《刑事诉讼法》中规定，当国家工作人员被证明索取或者收受了与其公务有联系者的财物，而利用职务上的便利为其谋取利益，除非能提出有效的反证，否则该行为即应推定为受贿行为。

第三，对既有的推定规则进行进一步调整。比如，可以考虑将《刑法》第395条第1款中的"可以责令说明来源"改为"应当责令说明来源"，以完善巨额财产来源不明罪法条中"非法所得"的推定。再比如，可将"不能说明来源的"改为"本人拒不说明来源或者作虚假说明的"，以增强条文的可操作性，更好地反映立法原意，限定《刑法》的打击范围。

第二节 被追诉人作证激励机制的问题与污点证人作证豁免制度的构建

目前我国缺乏有效的激励机制促使知道内幕信息的犯罪嫌

疑人大胆作证，通过瓦解犯罪联盟来打击重大的腐败犯罪。在现有法律框架下，具有鼓励被追诉人与国家合作提供证据的制度还有很大的局限性。这主要体现在：

一 自首立功制度存在的问题

我国《刑法》第 67 条规定："对于自首的犯罪分子，可以从轻或者减轻处罚。其中，犯罪较轻的，可以免除处罚。"第 68 条规定："犯罪分子有揭发他人犯罪行为，查证属实的，或者提供重要线索，从而得以侦破其他案件等立功表现的，可以从轻或者减轻处罚；有重大立功表现的，可以减轻或者免除处罚。"第 390 条第 2 款规定："行贿人在被追诉前主动交代行贿行为的，可以减轻处罚或者免除处罚。"《最高人民法院关于处理自首和立功具体应用法律若干问题的解释》规定："对于自首的犯罪分子，可以从轻或减轻处罚；对于犯罪较轻的，可以免除处罚；对于有立功表现的，可以从轻或者减轻处罚；有重大立功表现的，可以减轻或者免除处罚。犯罪后自首又有重大立功表现的，应当减轻或者免除处罚。共同犯罪案件的犯罪分子到案后，揭发同案犯共同犯罪事实的，可以酌情予以从轻处罚。"毋庸置疑，上述规定对于打击受贿，鼓励行贿人和介绍贿赂人与国家合作方面必定会起到一定的积极作用。但是，与此同时，我们也必须注意到，这些规定具有很大的局限性。首先，自首立功并不能带来定罪上的免除，而只能带来量刑上的折扣。其次，量刑上的折扣能否最终确定，具有不可预测性。根据上述规定，即便被追诉人有自首、立功情节，法院在多数情况下也只是"可以"而非"应当"从宽处罚。再次，立功与共同犯罪中的自首往往还涉及其他嫌疑人的定罪量刑问题，当事人因此很可能得承担被打击报复的风险，而现行立法对自首、立功人员及其家属的保护还缺乏切实有效的措施，这就使得自首、立功难以发挥应有作用。最后，2009年两高联合发布了《关于办理职务犯罪案件认定自首、立功等量刑情节若干问题的意见》，进一步严格了自首、立功等量刑情节的认定和处理，在一定程度上压缩了贪污贿赂犯罪领域自首、立功适用的空间。应当说，上述因素削弱了自首、立功制度激励嫌疑人与国家合作的功能，影响了其激励功能的有效发挥。

二 酌定不起诉制度存在的问题

《刑事诉讼法》第173条第2款规定："对于犯罪情节轻微，依照刑法规定不需要判处刑罚或者免除刑罚的，人民检察院可以作出不起诉决定。"通过酌定不起诉制度刺激被追诉人与国家合作，是瓦解犯罪联盟、打击重大腐败犯罪又一方法。但是，这一制度也存在很多局限。首先，根据上述规定，酌定不起诉只能适用于犯罪情节轻微，依照刑法规定不需要判处刑罚或者免除刑罚的犯罪。1996年最高检颁布的《关于审查逮捕和公诉工作贯彻诉讼法若干问题的意见》中规定："犯罪情节轻微，主要是指，虽已触犯刑法，但从犯罪动机、手段、危害后果、犯罪后的态度等情节综合分析，依法不需要判处刑罚或者免除刑罚的。"最高人民检察院公诉厅彭东副厅长指出犯罪情节轻微原则上是指法定最高刑为三年有期徒刑以下的案件，[1]这就将酌定不起诉的适用范围做了严格的限定。其次，酌定不起诉制度的适用还要受检察机关内部的严格控制。根据《人民检察院刑事诉讼规则（试行）》第406条[2]的规定，酌定不起

---

[1] 陈光中：《刑事诉讼法》，北京大学出版社、高等教育出版社2005年版，第321页。
[2] 《人民检察院刑事诉讼规则（试行）》第406条规定："人民检察院对于犯罪情节轻微，依照刑法规定不需要判处刑罚或者免除刑罚的，经检察长或者检察委员会决定，可以作出不起诉决定。"

诉要经过检察长或者检委会决定方可适用。如果是职务犯罪案件，根据最高检相关的内部规定，除本院检委会研究外，还要报上一级检察院批准，并需经人民监督员监督。而且各级检察机关的内部考评制度一般都要求把不起诉率，尤其是酌定不起诉率控制在一定范围内。最后，舆论对于贪污贿赂犯罪的高度关注，也使检察机关不敢轻易在该类案件中适用酌定不起诉制度。从总体上看，在内外因素的双重挤压下，酌定不起诉制度的适用范围被大大压缩，难以有操作的空间。

三　尽快确立污点证人作证豁免制度

笔者认为，要鼓励、督促案件中罪行轻微者积极报告自己或他人的犯罪事实，促使贪污贿赂犯罪"堡垒"从内部被攻破，就有必要尽快确立污点证人作证豁免制度。所谓污点证人，在英文里表述为 stain witness，在德国被称为"主要证人"或"王冠证人"，是指因揭发同党而使自己减免罪责的被告人，[①] 或者顾名思义，是指具有犯罪污点的证人。这类证人参与了犯罪活动，其行为已经符合《刑法》所规定的犯罪构成要件，[②] 为减轻或免除自己的刑事责任，其选择与国家追诉机关合作，作为控方证人指证其他犯罪人的犯罪事实。所谓污点证人作证豁免在英文里表述为 witness immunity、transactional immunity、immunity grant。其含义是：证人本身具有一定的犯罪嫌疑，因与已被控诉的嫌疑人的犯罪行为有某种牵连，而与控方达成一项交易，达到避免控方追诉自己和指证他人罪行的双重目的，即由法官签发豁免令，控方以免予追诉该证人的犯罪行为为条

[①] 屈新、梁松：《建立我国"污点证人"豁免制度的实证分析——以贿赂案件为例》，《证据科学》2008 年第 16 期。

[②] 陈学权：《污点证人豁免制度初论》，《国家检察官学院学报》2003年第 6 期。

件，换取证人的指认和证明。① 换句话说，污点证人作证豁免是一种被追诉人为控方作证从而得以免受刑事追诉或被给予从轻或减轻、免除处罚待遇的刑事司法制度。

《联合国反腐败公约》第 37 条规定了污点证人作证豁免制度。该条第 1 款规定："各缔约国均应当采取适当措施，鼓励参与或者曾经参与实施根据本公约确立的犯罪的人提供有助于主管机关侦查和取证的信息，并为主管机关提供可能有助于剥夺罪犯的犯罪所得并追回这种所得的实际具体帮助。"其第 2 款规定："对于在根据本公约确立的任何犯罪的侦查或者起诉中提供实质性配合的被告人，各缔约国均应当考虑就适当情况下减轻处罚的可能性作出规定。"其第 3 款规定："对于在根据本公约确立的犯罪的侦查或者起诉中提供实质性配合的人，各缔约国均应当考虑根据本国法律的基本原则就允许不予起诉的可能性作出规定。"

随着公约在中国的批准生效，中国贪污贿赂犯罪案件的追诉程序也越来越迫切地需要与它协调一致，其中就应当包括确立贪污贿赂犯罪污点证人作证豁免制度。许多国家的实践证明，这一制度的确立，有利于降低诉讼成本，提高诉讼效率，实现司法资源的合理配置；有利于从内部突破有组织犯罪，从而提高破案率，改善办案质量；有利于从源头上预防犯罪，避免违法侦查行为；② 对对抗式庭审的推行也会大有助益。③

---

① 张春霞：《论污点证人之豁免》，《华东政法学院学报》2003 年第 2 期。
② 谭世贵、董文彬：《试论在贿赂案件中引入污点证人豁免制度》，《海南大学学报人文社会科学版》2004 年第 4 期。
③ 强卉：《"污点证人"的作证豁免制度研究》，《山西高等学校社会科学学报》2014 年第 6 期。

四 构建污点证人作证豁免制度的思路

笔者认为,中国的贪污贿赂犯罪污点证人作证豁免制度,大致可从以下几方面来构建:

第一,是作证豁免的类型。建议设置为有限的罪行豁免而非证据使用豁免,豁免的罪行仅限于污点证人证言涉及且本人参与的犯罪活动,不能免除污点证人因提供虚假证言作伪证的责任。证据使用豁免难以从根本上消除污点证人作证的顾虑,从而难以有效发挥污点证人作证豁免制度的应有功能。

第二,是作证豁免的对象。豁免的对象只适用于在犯罪中处于次要或者辅助地位、罪行轻微的犯罪嫌疑人或者被告人,如帮助犯、从犯、胁从犯或者一般参加者等,不能是处于犯罪核心地位的首要分子、主犯或者其他严重犯罪分子。

第三,是作证豁免的条件。豁免条件一般应包括:污点证人拒绝提供证言或其他证据,检控机关通过正常途径难以获取;欲追诉的腐败犯罪相对比较严重,且污点证人的证言及其提供的其他证据是成功对其追诉的关键性证据;作证豁免不得损害社会公共利益。

第四,作证豁免权的分配。可以考虑将贪污贿赂案件污点证人豁免的程序发动权赋予检察院,将决定权则赋予法院。应当避免程序发动权与决定权集于检察机关一身的现象,由检察机关以不起诉的方式豁免污点证人的罪行有可能会导致权力滥用,在放纵犯罪的同时造成司法腐败。①

---

① 谭世贵、董文彬:《试论在贿赂案件中引入污点证人豁免制度》,《海南大学学报》(人文社会科学版) 2004 年第 4 期。

第三节　司法公信力的不足与异地审判制度的构建与完善

贪污贿赂犯罪案件审判程序中存在的另一个重要问题是异地审判的非制度化和非规范化。由于地方权力错综复杂，司法机关受制于地方党、政和人大，为了树立司法公信，自辽宁"慕马案"后，我国在涉及高官的贪污贿赂犯罪案件上，基本都实行了跨省异地审判，意在排除地方各种权力对司法的干扰，排除地方社会人际关系的不良影响。当然，异地审判也在一定程度上保护了法官，能够使其免受来自腐败高官的危险。尽管异地审判不仅面临着诉讼成本昂贵、诉讼效率低下问题，更面临着合法性受到质疑以及各机关之间的协调等问题，① 实践证明，对中高级官员尤其是高级官员贪污贿赂犯罪案件实行异地审判，有效排除了案件查处中的各种干扰和阻力，消除了部分社会公众对审判工作的担忧和误解，取得了较好的法律效果和社会效果，符合现阶段反腐败斗争形势发展的要求。但是，就目前的立法来看，贪污贿赂犯罪案件异地审判尚未明确地制度化和规范化，在实践操作层面还存在很多问题，比如缺乏具体的评判标准，耗费较多的司法资源，影响司法效率的提高，异地审判与检察机关异地侦查起诉的衔接协调不畅等。不解决这些问题，就难以适应贪污贿赂犯罪异地审判制度发展完善的需要。

鉴于此，笔者建议应尽快实现对贪污贿赂犯罪案件异地审判的制度化和规范化。具体地说：

---

① 李玉萍：《异地审判与我国刑事管辖制度的改革与完善》，《中国刑事法杂志》2009年第2期。

一 解决异地审判的合法性问题

应当设置贪污贿赂犯罪的属人管辖标准,彻底解决异地审判的合法性问题。在异地审判的合法性问题上,存在一定争议。一些学者认为,对贪污贿赂犯罪案件进行异地审判是有明确法律依据的,不仅《刑事诉讼法》第 26 条①和《最高人民法院关于执行〈中华人民共和国刑事诉讼法〉若干问题的解释》都规定了人民法院的"指定管辖",而且《人民检察院刑事诉讼规则(试行)》也都对检察机关的"指定管辖"作出了规定,这些都构成贪污贿赂犯罪腐败案件指定管辖、异地审判的合法性依据。②但是,另一种观点认为异地审判涉嫌违法。对于《刑事诉讼法》第 26 条的规定,反对者认为,最高人民法院在《关于适用〈中华人民共和国刑事诉讼法〉的解释》第 18 条中已经明确将其解释为:"有管辖权的人民法院因案件涉及本院院长需要回避等原因,不宜行使管辖权的,可以请求移送上一级人民法院管辖。上一级人民法院可以管辖,也可以指定与提出请求的人民法院同级的其他人民法院管辖。"据此,上一级法院指定管辖的前提是下级法院的院长需要回避,因此将贪污贿赂犯罪案件进行异地审判是不符合现有立法规定的。本书不打算就此问题展开讨论。笔者认为,确立制度化的异地审理属人管辖标准是解决贪污贿赂犯罪案件司法公信力的必经之途。一旦属人管辖制度得以确立,不仅能够解决现有的异地管辖缺乏具体操作规则的问题,而且还可以一并解决该类案件异地审理的合

---

① 《刑事诉讼法》第 26 条规定:"上级人民法院可以指定下级人民法院审判管辖不明的案件,也可以指定下级人民法院将案件移送其他人民法院审判。"

② 王继学等:《高官异地审判:中国司法史上独特的风景线》,《民主与法制时报》2007 年 1 月 1 日。

法性问题。从这个意义上讲,没有必要就其合法性问题做进一步的探讨。

笔者建议,应当在现行立法中增加属人管辖条款,允许对贪污贿赂犯罪案件进行异地审判。实际上,根据被追诉人的特殊身份或者依据犯罪的特别性质而不是实施犯罪的地点或其居住地确定管辖法院的做法在国外并不缺乏先例。在法国的法院系统中,除普通法院以外,还设有最高特别法庭和共和国特别法庭,这两类法庭的管辖权都是依据犯罪人的个人身份而确立的(属人管辖)。其中,最高特别法庭是根据法国1958年宪法第67条设立的,是一种政治性质的法庭,仅在共和国总统履行职责时实行叛国罪的情况下,对总统行使对人管辖权。共和国特别法庭则是根据1993年的宪法性法律规定而设立的,政府成员在履行职责中实行的重罪和轻罪由其负责审判。[1] 对此,法国理论界认为,基于身份而确定管辖法院并不违背宪法。这是因为,"尽管原则上所有公民在法律面前(在法院面前)人人平等(法国《人权宣言》第6条),但是立法者为了最佳刑事司法之利益,设立了依据犯罪人在实施犯罪时的年龄或个人情况管辖案件的专门法院,这样做并不真正违背前述原则"[2]。出于同样的理由,笔者认为,可以根据需要,确立制度化的该类案件异地审理的属人管辖标准。

二 严格限定"异地"的含义

根据刑事案件审判地域管辖的相关规定,结合贪污贿赂犯罪异地审判的当前实践,从尽可能维护司法公正的角度考虑,立法应当对异地审判中的"异地"作出严格限定。从目前的实

---

[1] [法]卡斯东·斯特法尼等:《法国刑事诉讼法精义》(上),罗结珍译,中国政法大学出版社1998年版,第429—430页。

[2] 同上书,第442页。

践来看，对于省部级高官的贪污贿赂犯罪案件在一般情况下实行跨省异地审理，对于厅局级干部贪污贿赂犯罪案件则实行省市内异地审判；如果厅局级干部贪污贿赂犯罪的背后涉及更高级别的官员，则也可能实行跨省异地审判。立法有必要在此基础上进一步细化，并将厅局级以下以及省部级以上干部贪污贿赂犯罪案件的异地审判问题一并予以考虑。

三 细化异地审判的条件和标准

宜明确限定异地审判的条件和标准，即对贪污贿赂犯罪异地审判的具体条件、适用范围、评判标准等都应进行必要的细化规定。包括哪些贪污贿赂犯罪案件应当进行异地审判，哪些贪污贿赂犯罪案件可以进行异地审判，哪些情形下可以不进行异地审判，涉及共同贪污贿赂犯罪的情况下如何处理等，都应有相应的依据和标准，从而便于司法适用。由于异地审判的普遍化可能导致案发地司法机关职能的萎缩和公信力的下降，并进而可能弱化司法机关对地方权力的监督和制约，因此，应当严格异地审判的条件和标准，除符合异地审判条件及标准的贪污贿赂犯罪案件之外，一般都实行"异地法官当地审"模式，以期能够最大限度地防止异地审判常态化所具有的弊端。①

四 完善指定异地审判的程序

应当完善指定异地审判的程序，强化指定异地审判程序的透明度与可操作性。要明确异地审判程序的启动、操作、变更、

---

① 犯罪异地审判常态化的弊端主要有：不利于司法机关收集和核实犯罪证据；不利于诉讼参与人参加诉讼；不利于对当地群众进行法制宣传教育和防范与综合治理犯罪，不利于保障当地群众旁听审判的权利；容易使犯罪地群众对当地的司法部门产生信任危机，影响当地司法部门的公信力，让人们怀疑当地的司法是否独立；使诉讼成本大幅度增加。桑本谦、杨圣坤：《落马高官异地审判三大争议辨析》，《人民论坛》2013年第4期。

中止和终结等具体程序，合理确定指定异地审判的主体层级，严格禁止二次指定，设置指定异地审判的异议和救济程序。健全和完善现有的移送管辖制度，明确规定在特殊情形下，最高人民法院、受理案件的人民法院及其上级人民法院基于司法利益的需要，可以决定将案件移送至犯罪地或者被告人居住地法院以外的其他法院进行审判。①

五　健全异地审判的配套措施

要健全异地审判的相关配套措施。重点是要加强对贪污贿赂犯罪案件异地审判的人、财、物的保障，并统筹协调好异地羁押、证人保护等工作，确保贪污贿赂犯罪案件异地审判的顺利进行。由于审判必须以起诉为前提，没有起诉，法院就不能进行审判，因此，异地审判的一个关键环节就是要注重检法两家在起诉与审判问题上的协调与衔接。除此之外，异地侦查、异地羁押中可能出现的问题也需要立法者予以综合考虑。

六　小结

我国贪污贿赂犯罪追诉程序的构建与完善，必须立足于对相关现实问题进行科学解读和深刻反思的基础上，积极推进与国际社会普遍规则的接轨。在这当中，《联合国反腐败公约》尤其值得关注。该公约为全球反腐败事业提供了基本的法律指南和行动准则，集中体现了国际社会惩治贪污贿赂等腐败犯罪的发展成果，是各国反腐败经验的总结。积极借鉴和吸纳公约的有关内容，既是中国履行公约义务的重要体现，也是完善我国贪污贿赂犯罪追诉程序的终南捷径。毫无疑问，这对于中国反腐败事业的进一步发展，具有重要的意义。

---

① 李玉萍：《异地审判与我国刑事管辖制度的改革与完善》，《中国刑事法杂志》2009年第2期。

第四章

以校园霸凌为视角看未成年人刑事司法[①]

第一节 校园霸凌和未成年人犯罪

一 校园霸凌现象概述

2015年3月30日,在美国留学的中国小留学生翟某伙同十几名小留学生(均为未成年人)将另一名小留学生刘某(未成年人)带到一个偏僻角落进行施暴围殴,这其中包括扒衣服、烟头烫乳头、强迫吃沙子、剃头发让她吃掉等行为。在殴打的过程中,还有女生用手机拍照留念。行为被曝光后,被告人翟某等人竟然认为自己的行为只是普通的校园行为,不会引起法律后果。2015年6月,就该案美国加州颇莫纳高等法院的法官传唤了三名未成年被告人,美国洛杉矶高等法院认为:该案构成一项折磨罪、三项绑架罪和两项殴打罪,前四项都是重罪,尤其是折磨罪,最高能够判处终身监禁。本案中翟某和另外两名被告人刚满18周岁,还有其他未成年人参与,法官会先裁定这些未成年学生的处理程序,再做出相应的处理,但即使

[①] 本章内容得益于和杨正同志与肖军博士的合作,在此致谢。杨正,男,北京市通州区法院助理审判员;肖军,男,西南政法大学侦查学院副教授。

是未成年人也会受到相应的处罚。① 当地时间 2016 年 1 月 5 日，作为本案当事人的三名中国留学生的律师和检方达成认罪减刑协议，三人分别被判刑 13 年、6 年和 10 年，刑满后将被驱逐出美国。

此案自从媒体曝光之后，在国内及国外华人圈引发了热议。校园内的学生欺负同学、打群架居然可能会被判终身监禁。虽然之后三人通过辩诉交易被判处了相对较轻的刑罚，但是与国内同类事件的处理结果相比较仍是重刑。在这些热议和对判决结果惊讶的背后，使我们固有的认知和观念受到了深深的冲击。对于这样的判决结果，不少网友拍手称赞，说："这些无法无天的小恶魔终于得到了他们应有的惩罚"；也有网友反问："这是不是国人在外国所受的不公平对待"。通过对媒体报道及网络评论的梳理，我们可以看到，国内大多数人的关注焦点都集中到了"重刑"方面。此次事件在美国同样是媒体争相报道的热点，只是美国民众对判决结果并不意外，认为什么样的行为得到什么样的处罚，法律都有明文规定。②

"霸凌"一词源于英文单词 bullying 的音译，亦可翻译为"欺凌"，根据《韦氏词典》的解释，霸凌意为"行为、言语有羞辱骚扰甚至导致身体或财产上的伤害与损失"③。校园霸凌案件是指发生在校园及合理辐射区域之内的未成年人之间的违法

---

① 《在美国留学生施虐同胞案开审 被控重罪最高可判终身监禁》，中国网，http：//edu.china.com.cn/2015-06/19/content_35864343.htm，最后访问时间 2018 年 3 月 21 日；《中国在美留学生涉嫌绑架案三嫌犯获刑 最长判 13 年》，中国网，http：//www.china.com.cn/cppcc/2016-01/07/content_37485861.htm，最后访问时间 2018 年 3 月 21 日。

② 吴娟：《小留学生霸凌事件的美式解读》，《中国教育报》2016 年 2 月 25 日。

③ 具体可见 https：//www.merriam-webster.com/legal/bullying，最后访问日期 2017 年 2 月 18 日。

犯罪案件，其行为人与被害人均是未成年人。校园霸凌不是一个新出现的现象，这一现象由来已久，发展到今天已经愈演愈烈甚至出现多样化、隐形化的趋势。不论是在影视剧中还是在生活中，我们都看到了不少未成年人实施暴力、霸凌的事件，但是大部分人特别是为人父母者都不会把这些事件与违法犯罪联系起来，更不用说去关注未成年人刑事司法程序了。在我们这样一个长期尊崇儒家文化、怜老恤幼，有着春秋断狱传统的国家，法与情之间似乎缺少明晰的界限，很多时候往往因为主体身份的关系而隐晦甚至否认事件的犯罪性质。在推进社会主义法治建设的过程中，我们需要正视未成年人犯罪问题，从理念和制度上提出更好的解决方案，在追求社会公平正义的同时最大限度地保护、教育未成年犯罪人，帮助未成年犯罪人改过自新，尽早重返社会。

二 我国的未成年人校园霸凌

近些年来，我国校园霸凌现象屡屡发生。仅 2016 年 12 月至 2017 年 1 月就有大量校园霸凌事件被媒体曝光，造成了恶劣的社会影响。

表 4-1　　　　　　　近期校园霸凌案件统计表

序号	时间	霸凌事件	处理结果
1	2016 年 12 月 13 日	河南省洛阳市一名中学生多次遭到同校学生殴打致脑部受伤，并被威胁不准告老师与家长。	家长报警，校方介入调解，未见后续报道。
2	2016 年 12 月 16 日	广东省深圳市一名 12 岁学生放学后被人殴打。打人者共有 10 人，年龄均在 13 岁与 15 岁之间。	学校所在区教育、公安部门成立专案组和专项工作小组，涉事双方家长达成初步和解协议。

续表

序号	时间	霸凌事件	处理结果
3	2016年12月16日	湖南省石门县一名初三女生被4名女生殴打辱骂,打人者要求其下跪,并不断对其扇耳光、脚踹、棍打。	公安机关介入调查,涉案7人已经到案4人,未见后续报道。
4	2016年12月25日	江西省安福县一名15岁少年,因为长期被同学欺凌,精神状况出现异常,甚至一度出现了吞食铁钉的行为。	公安机关表示不存在明显殴打行为,因为涉事双方都是未成年人,可能是恶作剧行为,未见后续报道。
5	2016年12月30日	山东省青岛市一位女士反映其9岁儿子被同学逼迫喝下高锰酸钾,经洗胃才脱离危险。	公安机关介入调查,未见后续报道。
6	2017年1月19日	安徽省肥西县一名女中学生在厕所内被逼下跪磕头,下跪期间有被扇耳光、脚踹的行为,该过程被全程录像。	公安部门已认定此事并非刑事案件,不予立案。
7	2017年1月24日	湖南省长沙市一名女生在教室内被四名女生轮番扇耳光,并被抓住强制剪头发,该过程被全程录像。	教育机构内部处理。

通过表4-1可以看出,校园霸凌事件并非个案,而是发生于全国各地,带有一定的普遍性。由于近年来学校安保工作的加强,很多学校进行封闭式管理,校外人员不能随意进出校园,所以校园霸凌案件中的当事人多为熟人,并且校园霸凌这种暴力行为逐渐由单一冲动性行为开始向有预谋有组织的团伙作案转变。当前家长与教育机构对校园霸凌事件普遍存在着一种误解,觉得这只不过是小孩子之间"闹着玩",发生点小矛盾小摩擦而已,批评教育一下就好了。可事实却是这种小矛盾小摩

擦变成了逼迫磕头下跪、打耳光、拳打脚踢甚至动用棍棒。校园霸凌事件的发生也并非一些学者所认为的缘于未成年人"法律意识淡薄"。我国校园普法宣传教育活动已经开展多年并且卓有成效,下面的访谈堪为颇具讽刺性的反证:在对一名校园霸凌的施暴人的访谈中,该生表示:"我们下手都有分寸,不会打能出事的地方;打个耳光踹几脚,老师知道了顶多批评几句;家长找到学校最多赔礼道歉,到医院检查一下;就算报了警,警察也不会管的!"总而言之就是"不致死致残,不反社会就没问题"。①

全社会对校园霸凌认识不足,家长与教育部门认识缺位,发生校园霸凌后往往愿意"息事宁人",公安司法机关则多对校园霸凌怠于行使职权。多方面的原因助长了施暴者的嚣张气焰,让他们变本加厉地实施霸凌行为。有调查显示施暴者往往存在以下问题:滥用酒精和药物、参与打架斗殴、破坏财产、过早参与性行为。而遭受霸凌的孩子通常会遇到以下状况:上课注意力不集中,学习成绩下降,出现厌学、逃学情况,甚至最终辍学;精神忧郁或焦虑,与家人朋友交流减少,寝食不安,出现自闭倾向,更有甚者出现自残行为。② 由此可见,校园霸凌并非孩子之间"闹着玩",其危害性不容小觑。

三 校园霸凌和未成年人犯罪现象分析

未成年人是国家的未来,在我国,自20世纪80年代以来,随着经济和社会的高速发展,未成年人享受着越来越丰富的物质文化生活,但也面临着多元价值观的冲突,未成年人犯罪逐

---

① 储殷:《当代中国校园暴力的法律缺位与应对》,《中国青年研究》2016年第1期。

② 具体可见 https://zhuanlan.zhihu.com/p/20197246,最后访问时间2017年2月15日。

渐成为一个突出的社会问题。根据最高人民法院公布的数据,自2000年以来,未成年犯罪人数年平均增长率高达13%。未成年人犯罪呈高发化、团伙化、低龄化、暴力化的特点,近年来媒体频繁报道的校园霸凌案件就是其中的典型表现形态。

不仅是发生在美国的留学生霸凌案件引发了公众的关注,国内中小学存在的校园霸凌现象也随着新兴媒体的发展而频繁曝光于公众视野之中,其数量和恶劣程度也足以让人震惊、愤怒。但是国内的校园霸凌事件曝光后往往没有了下文,结果大多是"相关部门已介入调查处理"。在信息大爆炸的时代,也很少有人持续关注这些事件的处理结果,这些霸凌事件进入司法程序的更是屈指可数。从中外校园霸凌案件的处理中我们可以思考更深层次的东西:为什么相似的校园霸凌案件会有不同的处理结果?应当如何看待我国对校园霸凌案件的处理方式和矫正思路?我国未成年人刑事司法政策能否有效地防止校园霸凌案件的发生?

根据一项针对全国29个县十余万中小学生展开的调查的数据显示,我国校园霸凌事件发生率为33.36%,其中经常被欺凌的占4.7%。[①]据国家统计局最新发布的数据显示,目前我国在校中小学数量16378万人,结合前面统计数据,施暴者与被害人都将是一个庞大的数字,那么保守估计这其中涉及刑事犯罪的也绝对不会是一个小数目。但是我国未成年人校园霸凌案件却很少进入司法程序,这与我国的相关法律规定和司法实践有很大的关系,如《刑法》第17条规定已满14周岁不满16周岁的未成年人只有犯8项重罪才会承担刑事责任,[②]这就使得司

[①] 姚建龙:《应对校园欺凌,不宜只靠刑罚》,《人民日报》2016年6月14日。

[②] 《刑法》第17条规定:已满16周岁的人犯罪,应当负刑事责任。已满14周岁不满16周岁的人,犯故意杀人、故意伤害致人重伤或者死亡、强奸、抢劫、贩卖毒品、放火、爆炸、投毒罪的,应当负刑事责任,已满14不满18周岁的未成年人犯罪,应当从轻或者减轻处罚。

法人员产生这样的错觉——除非发生死亡或者重伤的结果,未成年人之间的暴力和霸凌行为不构成犯罪,实践中也普遍认为校园霸凌行为不构成犯罪且不需要未成年人承担刑事责任。这种已经延续几十年的立法和司法思维,已经不能适应现在的社会现实。早在21世纪初的调查研究中就已经发现,我国未成年人犯罪年龄同20世纪90年代相比提早了2—3岁,18岁以下未成年犯罪率上升约120%,14岁以下未成年人犯罪率更是上升了约280%。① 加之社会的发展,互联网的普及,现在未成年人的身心发育速度大大加快,已非生活在那个封闭、单纯环境中的父辈可以比拟。就像例如前文访谈中那个校园霸凌的加害人,大部分未成年人已经对刑法有了一定的了解,也知晓自己行为会带来怎样的后果,他们之所以做出霸凌行为并非因为缺少相关的法律知识,而是明确地知道现有法律不会对他们进行严厉的惩罚,所以有恃无恐。

很长一段时间以来,国内的相关机构与研究人员对校园霸凌关注不够,立法机关也并没有认识到霸凌行为早已不能与一般暴力行为相提并论。至今还有相当一部分人简单地将两者等同起来,发生校园霸凌行为时,只用一般校园暴力的观念和解决方法来应对,甚至只当作小孩子之间的"闹着玩",处理方式仅仅停留在当面制止或口头批评层面,根本无法达到对加害人惩罚矫治的目的。

四 未成年人校园霸凌的亚文化因素

中国的未成年人犯罪或校园霸凌问题存在着一个非常恶劣的现象,那就是一些未成年人借助家庭的社会地位和影响力,在校园内横行霸道,他们的家庭或父母没有给他们应有的教育

---

① 缪颖丰、郑胜锋:《试论未成年人犯罪及不诉帮教机制》,"中国犯罪学学会第十八届学术研讨会"论文,2009年8月1日。

和引导，反而在他们实施校园霸凌行为甚至犯罪行为后，借助自身社会地位和影响力帮助子女掩饰和开脱。富二代、官二代和黑恶势力二代在学校里被区别对待，同学不敢惹、老师不敢管。个别无良教师为巴结他们的家长，还会主动对他们给予各种照顾，这些二代们受不良社会风气影响自然而然地认为自己高其他同学一等，权力、金钱和拳头是解决一切问题的最佳手段，善良、正直、勤奋、礼貌这些学校本应传授的主流文化对他们毫无意义，对权势和金钱的过早崇拜使他们很乐于结成小团伙小圈子，依仗自身的优势地位欺压同学，通过同学的恐惧感和"臣服"模仿父母建立自己在班级或校园中的权势，以获得他人认可。这种亚文化一直是校园生活中最阴暗的一面。普通同学在这些校园小霸王的欺凌下，往往敢怒不敢言，家长也往往愿意息事宁人。老师则不想家丑外扬，发生校园霸凌后往往拒绝外部社会力量介入，而公安机关对此类行为基本不管，严重一点的霸凌行为最多让小霸王的家长赔医药费了事。这种社会现实情况，使一部分小霸王产生了错觉，即同学不敢反抗我们，老师管不了我们，就算被抓到派出所家里人交了钱就能出来，我们家里又不缺钱，干了多大的事花钱都能摆平，最多让我爸扇两巴掌，我妈还得从旁边拉着。小的恶行不能及时受到遏制和矫正，反而被漠视，客观上起到了纵容了小霸王们建立班级或校园"小王朝"的行为。有些专家总是认为那些校园霸凌行为是孤立的、偶发的和临时起意的激情行为，这是不对的，很多校园霸凌行为反倒是有组织、有计划甚至是有步骤的团体行为。

那些有恃无恐的小霸王们组织成小团伙，有计划地进行校园霸凌行为，征服同班同学以建立在班中的权势和地位，对不服从者和反抗者进行惩罚。而一旦建立他们心中的"小王朝"便会收取保护费，追求和占有女同学，对其行为反抗者又会遭到校园霸凌行为的"镇压",这些小霸王还存在与其他班级或学校的小霸王争霸或为女同学争风吃醋的问题,不同小团伙之间的打群架甚至械斗行为就不可避免,小霸王们通过校园霸凌行为建立他们在男同学心目中的首领地位,同时以此获得女同学的欢心。因此,校园霸凌行为其实是学生群体亚文化的一种表现。切不可视为小学生之间的胡闹等闲视之。这种校园中的小霸王如果不能及时受到教育和矫正,错误的价值观和行为方式会深植于心底。未来走上社会,会把在校园内建立"小王朝"的成功经验移植于工作和生活中,借助其家世背景横行不法。那时的校园霸凌行为就有可能发展为严重的犯罪行为。事实上,现在各地的很多黑暗势力成员恰恰就是从前校园中的小霸王们。

第二节 校园霸凌对策分析

一 域外校园霸凌和未成年人刑事司法实践

(一)域外校园霸凌

校园霸凌现象并非某一个国家或者某一种族所特有,而是在世界各国都普遍存在的一种现象,就连日本天皇的孙女爱子公主也曾遭受过某种形式的校园霸凌,从而惧怕上学常常缺课。[①] 日本为了遏制严重的校园霸凌问题,于 2013 年 6 月出台了第一部专门针对校园霸凌问题的《防止欺凌对策推进法》,该法律比较全面的规定了国家和地方公共团体、学校、监护人的责任和义务,以及在发生校园霸凌案件时这些主体应当采取

---

① 具体可见 http://mt.sohu.com/20161213/n475723923.shtml,最后访问时间 2017 年 1 月 15 日。

的预防和处理措施。除此之外，日本还有一套较为系统的未成年人刑事法律体系，这其中包括《少年法》《少年审判规则》等。日本《刑法》关于刑事责任年龄下限的规定与我国《刑法》类似，其41条规定不满14周岁实施的行为不处罚，但不等于不会受到其他法律的评价和处罚。《少年法》第24条规定："对于作出决定时未满14周岁的少年，在认为特别有必要的场合可以移送少年法院。"这就意味着未成年人实施校园霸凌行为，只要构成犯罪的，都可以进行刑事追究。①

在美国有多种专门针对校园霸凌行为的研究组织和预防计划，包括政府在内的各种力量都在力求出台相应的法律及文件以维护校园环境和保护学生安全，在2015年3月美国蒙大拿州通过反霸凌法之后，美国50个州都有了自己的反霸凌法。新泽西州有着全美最严厉的反校园霸凌政策，其政策规定每一所学校都必须出台切实可行的反霸凌规则，与此同时学校的每一名教职员工都有义务阻止和汇报自己所了解的校园霸凌事件。校园霸凌一直是美国教育部所重视的问题，为此专门为学校教职工人员提供培训以应对校园突发的霸凌事件，而专属于校园的心理咨询师则担负着被害者的心理康复工作。②

(二) 域外未成年人刑事司法模式

世界上不同国家和地区在未成年人刑事司法理念上有相近或相同的一面——虽然每种理念体现的保护程度、惩罚程度不同，但是它们均体现了对未成年人权利的格外重视和对未成年人的人文关怀，也都强调了国家和社会的责任。对未成年人刑事诉讼模式的选择需要慎重，因为它影响着未成年人刑事案件诉讼程序变

---

① 向广宇、闻志强：《日本校园欺凌现状、防治经验与启示——以〈校园欺凌防止对策推进法〉为主视角》，《大连理工大学学报》第38卷第1期。

② 张自然：《面对校园暴力，美法两国零容忍》，《中国教师报》2015年9月30日。

革的方向。不同的观念会产生不同的刑事诉讼模式,司法模式(惩罚模式)、福利模式(保护模式)以及二者混同的混合模式(二元模式)是最有影响力的三种未成年人刑事司法模式。

1. 司法模式(惩罚模式)

司法模式又称惩罚模式,该模式强调刑罚的威慑性,主张触犯了刑法的未成年人应接受严厉的惩罚,让他们对犯罪产生畏惧感,从而阻止未来的犯罪,并且法律惩罚的严厉性应当与所犯罪行的严重性相当。司法模式推崇法律面前的平等性,认为未成年人犯罪也会经过其自身心智的思考与决断,因此应当为自己的行为付出代价。在该模式下,程序的正当性就显得尤为重要。在司法模式下,案件由专门的法官审理,但法官的自由裁量权受到限制,一般情况下检察官甚至辩护律师都会介入。法庭审理时,控辩双方进行抗辩,被告人在被认定有罪之前被推定为无罪,并享有程序上的保护,比如庭审和指控的告知、法律帮助、免受非法的搜查等,这些都为"平等"奠定了基础。似乎可以说,这种模式下对未成人的诉讼实际上与对成年人的诉讼并无二异。

2. 福利模式(保护模式)

福利模式又称保护模式,该模式认为,造成未成年人犯罪的是不良的外界环境,在一定程度上,他们对自己的行为无须承担责任。在对他们进行审判时,由独立的未成年人法院法官审理,法官只有裁断采取保护性措施的权力。且法院的作用并不是对未成年人作出有罪判决,而是帮助他们尽快回归社会。因此,该模式的特点是程序具有非正式性,采取个别化的处理方式。在这种模式中,未成年人照管专家处于核心地位,社会工作部门是最重要的机构。①那种传统的严格附属于成年人刑

---

① 卢少锋:《未成年人犯罪案件诉讼模式初探》,《中共郑州市委党校学报》2008年第5期。

事司法体系的正当程序保障，比如律师辩护、证据规则等，都被认为是没有必要的。

3. 混合模式（二元模式）

第三种是混合模式或二元模式，既承认未成年人是自己犯罪行为的责任人又不忘对其进行保护，故刑罚与教育措施或教育制裁并存。① 现代各国的未成年人刑事诉讼程序越来越追求司法模式（惩罚模式）和福利模式（保护模式）的兼容，因为两种模式各有优势。福利模式（保护模式）顺应了刑罚的个别化趋势，具体问题具体分析，能够更有针对性地保护未成年人。而司法模式（惩罚模式）则能够在惩罚犯罪、为被害人伸张正义和保护社会秩序方面发挥有效作用。两种模式之间相互借鉴，相互汲取精华，就形成了混合模式。

（三）域外未成年人刑事司法实践简析

未成年人犯罪，在很大程度上受到了家庭乃至社会环境的影响，这在某种程度上反映了一些社会职能的失效或者说是社会疾病。因此，强调国家和社会对未成年人犯罪负有责任的同时，更应强调它们在未成年人重返社会中所应履行的义务。社会经济生活中存在的社会财富分配的不公平，社会政治生活中各个阶级、阶层和利益集团的矛盾，社会精神生活中不同的思想观念和文化习俗的冲突，这些因素都是促使犯罪产生的重要原因或者说有害元素。未成年人在成长的过程中，不具备完全的辨别是非能力和自我掌控能力，②对外在环境中的各种有益或有害元素的吸收都非常快，容易误入歧途，所以国家和社会应该为此担负必要的责任。

---

① 卢建平：《京师刑事政策评论》第3卷，北京师范大学出版社2010年版，第159—162页。
② 温小洁：《我国未成年人刑事案件诉讼程序研究》，中国人民公安大学出版社2003年版，第52页。

在未成年人司法中，惩罚犯罪与保护未成年人始终是两个不变的主题，在惩罚与保护的关系问题上，各国的发展呈现出一定的差异性。在现代的未成年人司法中，没有一个国家的未成年人刑事诉讼程序是单一的司法模式（惩罚模式）或福利模式（保护模式），混合模式或者二元模式广泛适用。如法国从早期的以少年否定观念与新社会防卫论为基础的保护模式调整为强调修复功能的混合模式；而美国则经历了司法惩罚模式、福利模式和司法惩罚/福利二元模式的不同发展阶段。

近几十年来，随着人权观念的深入人心，社会对未成年人权利保护的认识愈发认同，同时，被害人保护观念的复苏也让人们对一味强调未成年犯罪人保护而不顾及被害人权利保护的理念进行反思。

（四）联合国的有关规定

未成年人刑事司法不仅是各个国家国内法所关注的焦点，而且一直被联合国所重视，自从1955年第一届联合国预防犯罪和罪犯待遇大会召开以来，未成年人犯罪及诉讼程序问题一直都是各届大会讨论的重要议题。

1966年通过的《公民权利和政治权利国际公约》和《经济、社会和文化权利国际公约》开启了联合国关注未成年人司法之路，《公民权利和政治权利国际公约》在未成年人司法基本准则方面做出了建设性规定，《经济、社会和文化权利国际公约》则主要关注儿童的健康权、教育权和基本自由。1985年在我国北京通过的《联合国少年司法最低限度标准规则》（以下简称《北京规则》），对世界各国未成年人司法理念和制度的发展起到了推动作用。《北京规则》确认了未成年人的特殊需求和处理未成年人违法犯罪的灵活性原则，创造了一整套系统的未成年人权利保护标准，主张减少正式诉讼程序所带来的消极影响，尽量减少监禁刑罚，不到万不得已的情况下才能采用,若是必须采用,则尽可能短地控制其时限。[1] 1990年联合国通过的《预防少年犯罪准则》(《利雅得准则》)和《保护被剥夺自由少年准则》(简称JFL规则)吸收了《北京规则》的有关内容和精神,此后成了未成年人司法的重要国际性文件。其中,《利雅得准则》强调在社会化的过程中给予未成年人应有的尊重,鼓励更加普遍地运用不同于刑事司法的社会政策来预防未成年人违法犯罪。[2] 1989年通过的《儿童权利国际公约》,被称为儿童权利保护"大宪章",该公约虽然没有以未成年人司法为主要内容,但是它为未成年人司法制定了处理未成年人问题的最高标准,同时为未成年人司法程序的设置提供了可借鉴的标准,目前已经有196个国家成了《儿童权利国际公约》的缔约国。

二 对未成年人犯罪治理思路的反思

未成年人刑事司法制度是处理未成年人违法犯罪问题的重要制度。我国历来十分重视教育和挽救失足未成年人,20个世纪90年代出台的《未成年人保护法》与《预防未成年人犯罪法》是关于未成年人的专门立法,2012年修改的《刑事诉讼法》新设"未成年人刑事案件诉讼程序"。上述一系列法律的颁行标志着未成年人刑事司法制度在我国的形成和发展。

未成年人是一个特殊的群体,未成年人犯罪也是一类特殊的犯罪,我国在选择未成年人刑事司法模式时,吸收了司法模式和福利模式的有益做法,秉承惩罚犯罪和保障人权并重且更倾向于保障人权的理念,选择对未成年人有利的方式进行矫正改造。

---

[1] 王敏远:《论未成年人刑事诉讼程序》,《中国法学》2011年第6期。
[2] 侯东亮:《少年司法模式研究》,法律出版社2014年版,第201—202页。

有些学者认为,未成年人犯罪是被动的,是"犯罪选择了他",而非"他选择了犯罪"。假设未成年人走上犯罪之路是因为社会及家庭教育的影响,那么相较于把未成年人看成一个需要承担责任的罪犯,受害者的身份反而更适合未成年人。[①] 这种观念在我国社会有一定的认同度,不少学者认为,未成年人是一个受害者,犯罪是由于各种原因造成的,典型的就是家庭(父母)原因,如长期受到家暴等。然而在诸如美国等国家,家庭观念意识不强,父母子女关系松散,未成年人犯罪并不必然归因于家庭、社会,而更多时候被认为是其个人原因。犯罪后得不到同情,因而司法程序与成年人差别不大,所以处罚严厉也就不足为奇了,因此才出现了文章开头严厉处理中国留学生的事件。如果说未成年人刑事司法模式的不同导致了校园霸凌结果处理的不同,那么中国网民对美国法院的判决几乎一边倒的支持,就不能不让人感到奇怪了。看起来,中国的普通公众似乎对学者专家的思路并不买账,真实的校园霸凌对广大未成年人切实的威胁和心底朴素的公正观念让他们普遍地支持对校园霸凌中的未成年犯罪人进行严惩,而不是姑息纵容。

在未成年人刑事政策方面我国一贯奉行的是"教育、感化、挽救"的方针,坚持的是"教育为主、惩罚为辅"的原则。联系到校园霸凌案件,它们同样适用,或者用更精练的语言概括就是"宽容而不放纵",该政策的核心内容是"坚持教育的立场,保持一定程度的宽容,并不排斥惩罚"。这样的未成年人刑事司法理念和制度是与时俱进的先进理念和制度,但在实践中却似乎走了形,出现了荒腔走板:如发生校园霸凌案件之后,公安司法机关往往不主动介入,霸凌案件很少进入司法程序;

---

① 徐美君:《未成年人刑事诉讼特别程序研究——基于实证和比较的分析》,法律出版社 2007 年版,第 39 页。

施暴人不够刑事责任年龄或行为达不到犯罪标准的校园霸凌案件,处理结果往往是"一放了之",这样处理的结果大多是暂时性地将危险隐藏,日后则会暴露出更大的社会隐患;而在对施暴人采取了刑罚、收容教养等限制人身自由的措施之后,又缺乏相应的跟进措施,往往"一罚了之",有惩无戒;①工读学校面临着招生难、教育管理模式落后、工读生易被标签化等问题,逐渐沦为一种形式;缺乏对校园霸凌案件中被害人的照顾与赔偿,被害人的心理疏导工作处于空缺状态。不应忽略在校园霸凌中所暴露出来的诸多问题,必须对我国未成年人刑事司法理念与制度在实践中荒腔走板的原因进行反思。

笔者认为,过分追求或拘泥于超越本国社会发展阶段的某种观念或理论,机械地适用某种国际规则,受其他国家评价所累在对待校园霸凌和未成年人犯罪问题上缩手缩脚,正是这一问题的深层次原因。

针对校园霸凌反映出的未成年人犯罪问题,我们应当以实事求是的态度探究解决问题的办法。《联合国少年司法最低限度标准规则》(《北京规则》)是在我国北京召开的国际会议上通过的规则,具有重大的世界影响和政治意义。在复杂的国际人权斗争中,西方国家一直对我国进行无端攻击,1985年通过的《北京规则》充分说明了我国对青少年人权的尊重和对人权保护的积极态度,可以视为我国在国际人权斗争中的一次重大胜利。《北京规则》本可以成为我国建立健全未成年人刑事司法制度的契机,但遗憾的是,在某些法律工作者心中它却成为了打击校园霸凌行为和未成年人犯罪的一种负担或者障碍。笔者认为,毛泽东同志讲的"实事求是"和邓小平同志讲的"实践是检验真理的唯一标准"用在这个问题上非常合适。不能受

---

① 颜湘颖、姚建龙:《宽容而不纵容的校园欺凌治理机制研究——中小学校园欺凌现象的法学思考》,《中国教育学刊》2017年第1期。

困于超越本国社会发展阶段的某种观念或理论，而阻碍对校园霸凌和未成年人犯罪问题的打击，不能机械地适用某一国际公约，在校园霸凌和未成年人犯罪问题上缩手缩脚。现在的很多学者，一谈未成年人犯罪问题就是如何保护未成年犯罪人不受伤害尽早回归社会，选择性地忽视了未成年犯罪人对被害人的严重侵害和对社会秩序的严重影响。未成年犯罪人的权利需要保护，难道被害人的权利就不需要保护了？未成年犯罪人回归社会需要关注，难道被害人的身心康复就不需要关注了？真是咄咄怪事。

面对校园小霸王们有组织的校园霸凌行为，我们首先想到的应该是如何打击矫治，如何保护被他们伤害的更需要关注的其他未成年人的权利，然后才应该考虑如何保护未成年犯罪人们正当的而非高人一等的权利。另外，说到保护未成年犯罪人的权利，应该是保护他们的诉讼权利，而非逃避诉讼的权利。保护未成年犯罪人的诉讼权利和保护成年人的诉讼权利一样都是正当的和理所当然的。根据我国国内法和签署的《北京规则》等一系列国际公约和规则，应当保护未成年犯罪人的诉讼权利，对其加以特别关照和优待也是应有之意。但是以保护之名行枉法放纵之实，受国际评价所累对待未成年人犯罪问题缩手缩脚，在未来一定会引发更严重的社会问题。

因此，笔者认为，我国针对未成年犯罪人的刑事政策"宽容而不放纵"是正确的刑事政策，但必须落到实处。"宽容"和"不放纵"都很重要，"教育"和"惩罚"一个都不能少。下面，就让我们对我国未成年人刑事司法的各项制度逐一进行反思和检讨。

第三节　对现行未成年人刑事司法制度的检讨

一　实体法方面

（一）关于刑事责任年龄的问题

域外刑事责任年龄的下限往往较低，如加拿大、荷兰、丹麦等国家是12周岁，香港为7周岁，美国因各州规定的不同在7—13周岁间浮动，[①] 我国关于刑事责任年龄下限的规定处于一个相对高位。[②] 一个人的成熟，不单指身体发育达到生理成熟标准，还应心理成熟，显然，一个人是否成熟更加取决于心理层面。目前世界各国多接受了这一观点，并在刑事责任年龄的立法中综合考虑心理与生理因素，如德国法律规定："针对已满十四周岁不满十八周岁的犯罪嫌疑人，要综合考察该犯罪嫌疑人的心理成熟程度，才能做出是否追责的决定。"改革开放40年来，我国经济与社会快速发展，未成年人生理心理发育，特别是心理发育均大幅提前，我国刑事责任年龄一刀切的规定似乎已经不能适合当今社会现实，应该做出相应的改变。

围绕刑事责任年龄是否应该降低的争论在学界已是老生常谈，但始终未达成共识，想要直接采取降低刑事责任年龄的方式来解决日益严重的青少年犯罪问题困难重重。我们似乎可以引入"恶意补足年龄原则"来尝试解决这一问题。该原则是指

[①] 殷淑娟：《论我国未成年人刑事责任年龄制度的完善》，硕士学位论文，辽宁大学，2015年。

[②] 根据我国刑法第17条规定，不满十四岁的犯罪嫌疑人，因为法律拟制其不具备刑事责任能力，所以无须承担刑事责任。不同于其他被赋予相对自由裁量权的制度，有关刑事责任能力的规定为刚性规定，按照我国刑法"罪刑法定"原则，司法机关只能完全按照规定执行。

如果未成年人尚未达到刑事责任年龄，但有充分证据证明该未成年人能够分辨善恶对错仍执意行恶的话，便可追究其刑事责任。恶意补足年龄原则适用于打击不足刑事责任年龄犯罪人的恶性犯罪，① 这一原则在英国、美国以及我国香港地区都有司法先例，如香港地区就规定10—14周岁的少年属于限制行为能力人，负不完全的刑事责任，如控方能证明该少年能够分辨善恶对错仍执意行恶的话，便可认定其有刑事责任能力。② 恶意补足年龄原则有着许多优点，其不足之处也不容忽视，该原则可能在司法实践中给予裁判者过多的自由裁量权，从而造成裁判或法律适用的不统一。同时对"恶意"的评估鉴定证明标准高于一般证明，启动"恶意"的证明也可能牵涉到更多更复杂的相关知识。

(二) 未成年人社区矫正制度

社区矫正，作为一项宽严相济张弛有度的刑事政策，对于解决日益严重的未成年人犯罪问题，构建和谐社会有着重大意义。但从当前来看，我国未成年犯罪嫌疑人适用社区矫正存在着如下问题：①目前我国社区矫正制度处于发展建设时期，社区矫正效果有待提高。在一些地方，社区矫正实际上形同虚设，被交付社区矫正的未成年犯罪人实际上处于放任自流的状态，他们仅仅是定期到社区矫正机构报告而已，这样的社区矫正更多的类似于取保候审，客观上没有达到矫正和教育的效果，说得严重点实际上就是对犯罪人的放纵。②个别未成年犯罪人的家长把社区矫正作为逃避监禁刑罚的手段，运用特权和金钱上下运作，勾结极个别审判人员（检察人员）造成司法腐败。这

---

① 王雷：《遏制犯罪低龄化的新途径——恶意补足年龄原则的引入》，《南方论刊》2017年第1期。

② 山茂峰：《关于恶意补足年龄适用的探讨》，《法治博览》2016年第19期。

使得社区矫正在司法实践中存在着针对不同家庭背景未成年犯罪人选择适用的问题,造成基层群众对社区矫正措施本身的不理解和不满。③社区矫正工作的开展不单需要司法行政部门进行组织管理,还需要居(村)委员会、学校、监护人员、社会工作者等共同协作,这是一项系统工程,需多方合作形成合力才能保证工作的顺利开展,但是目前我国在这一方面多有不足。

我国目前虽然已经有了《社区矫正实施办法》,但它的内容较为宏观,无法切实解决司法实践当中遇到的各种问题,因此急切需要一部系统的《社区矫正法》来为社区矫正工作(包括未成年人社区矫正)指明方向。要切实实施社区矫正,不要再搞看起来很美的表面文章,真正能对适用社区矫正的未成年犯罪人起到教育矫正作用,帮助他们改邪归正。要打造一支专业的社区矫正队伍,充分吸收法律工作人员、心理疏导人员和志愿者,最大限度发挥相关人员的责任心和积极性。

二 程序法方面

(一)刑事和解制度

刑事和解制度的最佳对象为生理心理均尚未发育成熟的未成年人。这项制度须有两个前提条件:第一,达成刑事和解必须出于真实自愿,这样才能真正恢复之前遭到破坏的社会关系,司法机关应该处于被动位置,不应为加快结案而主动提起或参与到刑事和解中来;第二,加害人必须真诚悔罪,只有在平等自愿的条件下,被害人诉说自己所受的伤害,加害人认真倾听并真诚悔罪与切实赔偿,取得被害人家属的谅解,最终双方达成刑事和解协议。①但是实践中有的加害人并不真诚悔罪,认为用钱便可解决一切,这样一来刑事和解制度的初衷没有达到,

---

① 陈光中:《刑事和解再探》,《中国刑事法杂志》2010年第2期。

反而沦为加害人逃脱法律制裁的工具。所以在刑事和解开展之前，一定要注意真实自愿与真诚悔罪的前提条件，司法机关不能推诿塞责或者袖手旁观，必须做好相关的监督工作。

从司法机关的职能来看，其并不是最合适的中间调解人，为和解活动的有效开展应当发展组建专业的刑事和解组织，以独立第四方来担任中间调解人，这样一来既能提高司法效率又能保证和解的真实自愿性。当然适用这一程序时，也要遵循未成年人刑事司法的基本原则，根据未成年人身心特点来开展工作，达成意思真实有效的和解协议，让未成年犯罪人认识到错误，洗心革面重新做人，让被害人得到赔偿，尽快恢复到被害前的正常生活。①

（二）社会调查制度②

社会调查制度③是我国少年法庭在长期审判实践中探索建立的，新修订的刑事诉讼法把社会调查制度上升到法律层面，是对未成年人案件审判实践的肯定。

调查报告的内容在确认主观恶性、人身危险性、案件事实方面能够提供重要参考，有助于司法人员妥善处理未成年人刑事案件。虽然社会调查报告不能归为任何一类证据，但从另一方面来看，调查报告具有证据的客观性，其能够客观反映出未成年被告人的家庭、社交、生理情况，这些都是推动未成年被

---

① 贾宇、舒洪水：《未成年人犯罪的刑事司法制度研究》，知识产权出版社 2015 年版，第 159—161 页。

② 未成年人案件社会调查制度，指的是未成年刑事案件审理过程中，对当事人的学习、生活情况以及案前表现等进行调查，了解其生活成长环境、家庭教育背景、性格特征、日常表现、犯罪动机等情况，分析其犯罪原因，为教育和惩治未成年犯罪人提供依据，对症下药，使教育和矫治做到有的放矢。

③ 刑事诉讼法第 268 条规定：公安机关、人民检察院、人民法院办理未成年人刑事案件，根据情况可以对未成年犯罪嫌疑人、被告人的成长经历、犯罪原因、监护教育等情况进行调查。

告人走上违法犯罪之路的客观因素。①

因此有必要建立社会调查的监督机制：如规定进行社会调查的人员不得少于二人；依法赋予未成年被告人及其法定代理人和被害人及其法定代理人对社会调查员申请回避的权利；社会调查员有义务提供客观真实的调查报告，出具虚假调查报告的行为要依法追责。

（三）未成年犯罪嫌疑人附条件不起诉制度②

以往的法律只规定了起诉与不起诉两种相互对立的机制，未成年犯罪嫌疑人附条件不起诉制度的出现，在起诉与不起诉之外增加了第三选择，同时给予了检察机关相应的自由裁量权，有利于对未成年人犯罪进行有针对性的防治。

虽然未成年犯罪嫌疑人附条件不起诉制度在节约司法资源、预防未成年人犯罪等方面有其深刻价值，但就其规定来看仍有一些不完善之处，例如与微罪不起诉的逻辑关系不够明晰，所附条件的内容不明确。有学者认为，检察机关并非适格的监督考察主体。因为检察机关是国家公诉机关，一来与未成年人的接触较少，联系并不密切，且本身案件压力大，司法资源又有限，由其负责难以保障质量；二来一些未成年人对其有一定的畏惧心理，在其监督下不敢违法犯罪，然而一旦脱离监管就恢复本性，反而不利于改造。伴随着社区矫正工作的开展，司法行政机关一直在发现问题和解决问题的过程中积累经验，教育矫正人员队伍日益专业化，相对于人民检察院在监督考察方面其实具有更大的优

---

① 余进、孙素心：《未成年人刑事案件社会调查制度》，《中国检察官》2013年第17期。

② 未成年犯罪嫌疑人附条件不起诉是指检察机关对行为已经构成犯罪但情节较轻的未成年犯罪嫌疑人，作出附加一定条件的不起诉之决定，在考察期限届满时，对符合条件的犯罪嫌疑人终止追诉活动的一种刑事不起诉制度。见张智辉《附条件不起诉制度研究》，中国检察出版社2011年版，第42页。

势。所以，由司法行政机关承担该项职责方为上策。

（四）犯罪记录封存制度

《刑事诉讼法》第275条①规定了犯罪记录封存制度，笔者对此也有一些不同意见。学校霸凌和未成年人犯罪中性骚扰、猥亵和强奸案件是最阴暗的一处角落。未成年犯罪人实施性侵犯违法犯罪的对象也主要是其他未成年人，而性侵对青少年和儿童生理和心理的伤害是非常巨大的。心理学家研究证明，很多犯有强奸罪的罪犯在被释放后都没有真正改过自新，还会第二次、第三次走上同样的犯罪道路。在很多国家都规定性侵案件的犯罪人假释期间或获释后应当被区别对待，其所在社区居民有权知道性侵犯罪人的存在。② 故而笔者认为，未成年人犯

---

① 《刑事诉讼法》第275条规定：犯罪的时候不满18周岁，被判处五年有期徒刑以下刑罚的，应当对相关犯罪记录予以封存。犯罪记录被封存的，不得向任何单位和个人提供，但司法机关为办案需要或者有关单位根据国家规定进行查询的除外。依法进行查询的单位，应当对被封存的犯罪记录的情况予以保密。

② 英国法律惩治不力曾是性侵未成年人案件高发的原因之一。20世纪70年代，强奸和猥亵未成年少女罪的人最多被判入狱两年，而现在则为最高可判14年。2000年，8岁的英国女孩萨拉·佩被一名刑满释放的娈童癖者绑架谋杀，后在萨拉的母亲佩恩和媒体的呼吁下，英国2008年制定一项被公众称为"萨拉法"的法案，公众可以接触到在警方备案登记的性犯罪者名单，这样家长就能了解与孩子日常交往较多的人是否有性侵的前科。该法案在2011年开始正式推行，被誉为"为保护孩子免受性侵的重要举措"。英国内政部表示，在法案试运行的第一年中，共计保护了60名孩子远离潜在威胁。1996年，美国《梅根法案》规定，为避免有犯罪前科者出狱后继续危害社会，警方会录取强奸犯的指纹、气味和DNA等资料，并永远存档保留。强奸犯出狱后，他所在社区的警方还会将其照片、住址、外貌特征等个人信息放到网上以供读取，提醒公众留意防范。2004年，《梅根法案》又有了进一步的发展：性侵儿童的罪犯，假释期间须佩戴手腕警告标志与电子追踪器。若一个人曾经犯案两次以上，出狱后还必须每3个月前往警方接受一次问询，甚至胡须、发型等体貌特征有所改变时，也必须及时向警方报告。信息登记在案仅仅是一个开始，有时性罪犯还被禁止接近儿童聚集的场所。在佐治亚州，性罪犯

罪记录封存制度在对待特定犯罪时需要有所例外，强奸犯罪人和其他性侵害违法犯罪人的犯罪记录不应当封存。如果担心将未成年犯罪人标签化，不利于其成长和回归社会的话，可以不主动公开其个人信息，但应当允许可能受到威胁的相关人员在必要时进行查询。①

三　被害人救助和其他配套制度

（一）被害人救助

校园霸凌具有严重的伤害性，不仅是对被害人身体的伤害，而且精神伤害更严重更久远。在上述的霸凌事件中，被害人大多都出现了恐惧自闭等心理问题，甚至有的被害人出现了轻生行为，但是他们仍面临着刑事方面无法追责施暴人、民事方面无法获得充分赔偿的窘迫局面。在司法实践中，尽管相关部门在受害者心理健康恢复、转学等方面予以帮助与支持，但这些花费大多时候并不由施暴者承担。施暴者往往只支付被害人的医疗费与护理费，对于精神损害的赔偿则是鲜有提及。相较于能恢复的身体创伤，校园霸凌事件对未成年人最严重的伤害大多是难以恢复的心理创伤，但是从当前现实情况来看，对于未成年人心理健康这一最容易受损害也最难恢复的权益却处在保

不得在距学校、教堂、公园、滑冰场或泳池300米的范围内工作或生活，违者立即逮捕。近些年，美国多地的社区已开始对性罪犯居住的地区进行管制，越来越多的公共场所禁止他们进入，其中包括北卡罗来纳州、华盛顿州、马萨诸塞州、亚利桑那州等。

① 此外，法条对查询条件界定不甚明确。条文中提到"犯罪记录被封存的，不得向任何单位和个人提供，但司法机关为办案需要或者有关单位根据国家规定进行查询的除外"，这里的"司法机关""办案需要"和"有关单位""国家规定"不甚明确。建议加以明确——公安机关应当包括在查询主体之列；"办案"不仅指办理刑事案件还应当包括办理民事和行政案件；"单位"可参照刑法第30条、"国家规定"可参照刑法第96条进行理解，但应该更加具体。

护缺失的状态。

当前我国保护未成年人的法律体系已经初步形成。在立法方面，已经制定并出台了刑法、刑事诉讼法、预防未成年犯罪法、未成年人保护法等相关法律，为充分切实保护未成年人打下了坚实基础；司法实践方面，最高司法机关也出台了各种解释与规定，从而形成了较为完备的配套措施。但是上述的一系列法律多是针对保护未成年被告人，而针对未成年被害人的法律保护严重不足。校园霸凌案件往往发生在未成年人之间，同样都是未成年人，刑事司法如何才能在保护被告人与被害人之间保持平衡？

（二）配套制度

新修订的《刑事诉讼法》，将未成年人刑事案件诉讼程序作为特别程序独立出来，并增加了社会调查、附条件不起诉、犯罪记录封存等内容，堪称重大的进步。但是还有很多涉及未成年人刑事案件诉讼程序的内容有待于细化，需要建立相应的配套制度以保障其实施。

基于当前我国"宽容而不放纵"的未成年人刑事政策，为更好地解决学校霸凌和未成年人犯罪问题，笔者认为还应从以下方面建立配套制度：一方面在采取责令监护人严加管教措施时要求监护人缴纳一定保证金，并予以规定一定管教期限。彻底废除收容教养制度，将工读学校纳入司法矫正系统，改革其招生制度，符合特定条件的未成年人，应当强制其进入工读学校学习，另外重视对工读学校教育资源的投入，提升教学质量最大化地减低标签化对未成年人的不良影响。探索推广司法机关、监护人、社会工作者三方参与的未成年人帮护制度。另一方面借鉴域外校警制度，在学校里面派驻人民警察，这样不仅能维护学校日常安全，同时还能起到普法宣传的作用。构建学校、家长、司法机关三方信息互通系统，及时掌握校园霸凌事件信息，司法机关可主动介入调查。与此同时教育部门应重视校园心理咨询室的建设和校园心理咨询师的培养，发生校园霸凌事件之后及时对被害人展开心理疏导，同时注重对被害人个人信息的保密工作，避免网络等媒体对被害人的二次伤害。

四 小结

在考虑校园霸凌和未成年人刑事司法的问题时，一方面，我们应当追求对未成年犯罪人的教育和帮助，期待其内心的改变，让其认识到行为的错误，并通过矫正，使之重新成为对社会有用的人。另一方面，我们也不能走向另一个极端，进入误区荒腔走板，忽视对未成年人犯罪后的处罚。因为这样反而会传递给未成年人错误的信号，纵容他们走上歧途。如何才能使实施校园霸凌和犯罪的未成年人得到教育与矫正，回归社会，是整个法学界乃至全社会必须要直面的问题。

有鉴于此，面对愈演愈烈的校园霸凌事件，2016年4月国务院教育督导委员会办公室向各地印发了《关于开展校园欺凌专项整治的通知》（以下简称《通知》）。2016年6月，李克强总理对校园霸凌事件频发作出重要批示，批示指出："校园应是最阳光、最安全的地方。校园暴力频发，不仅伤害未成年人身心健康，也冲击社会道德底线。教育部要会同相关机关多措并举，特别是要完善法律法规、加强对学生的法制教育，坚决遏制漠视人的尊严与生命的行为。"2016年11月1日，教育部等九部委联合印发了《关于防治中小学生欺凌和暴力的指导意见》（以下简称《指导意见》）。2016年4月的《通知》是国内首个专门针对校园霸凌行为而出台的文件，其目的是"通过专项治理，加强法制教育，严肃校规校纪，规范学生行为，促进学生身心健康，建设平安校园、和谐校园"。该《通知》对校园霸凌问题毫不避讳直击痛点，反映出国家层面已对校园霸凌的严重性与危害性有了明确认识。同年 11 月出台的《指导意见》则从"积极有效预防学生欺凌和暴力""依法依规处置学生欺凌和暴力事件""切实形成防治学生欺凌和暴力的工作合力"三个方面着手,提出了富有针对性和可操作性的意见,体现了从现行法律政策与现实出发,各方密切配合形成合力,综合防治的明确思路。《通知》要求针对校园霸凌现象开展专项行动,《指导意见》则旨在构建预防校园霸凌的长效机制。①

2016 年以来,我国的校园霸凌和未成年人犯罪治理工作取得了较显著的进步,②但这项工作关乎未成年人的未来或者说是整个民族的未来,太过重大,因此任重而道远,社会各界显然还需不断努力。

---

① 姚建龙:《防治学生欺凌的中国路径:对近期治理校园欺凌政策之评析》,《中国青年社会科学》2017 年第 1 期。
② 2016 年 12 月 28 日最高人民检察院召开新闻发布会,通报了检察机关积极参与防治中小学生霸凌和暴力的工作情况,并发布了典型案例。根据新闻发布会公布的数据,2016 年 1 至 11 月,全国检察机关共受理提请批准逮捕的校园涉嫌欺凌和暴力犯罪嫌疑人 1881 人,批准逮捕 1114 人;受理移送审查起诉 3697 人,起诉 2337 人。2016 年以来,全国检察机关共对此类案件中的涉罪学生开展社会调查 2586 人、提供法律援助 2369 人,落实合适成年人到场 2056 人、附条件不起诉 547 人,对符合条件的未成年犯罪嫌疑人、被告人依法封存犯罪记录,大大提高了帮助教育效果。各地检察机关单独或者与公安机关合作设置具备询问、心理疏导、身体检查等功能的未成年人案件专门办案区,探索建立一站式取证等适合未成年人身心特点的办案方式,避免因办案方式不当造成"二次伤害"。

第五章

劳动教养制度的前世今生[①]

　　劳动教养本质上是一种司法程序外的社会控制手段，有可能被地方行政当局的某些官员为一己私利用来单方面、高效率地限制公民人身自由，造成公权力对公民权利的侵犯。新中国成立初期，劳动教养与政治生态和社会治理理念是一致的，但是在当前国际社会重视人权保障、国内舆论强调依法治国的大环境下，劳动教养制度必然难以为继。

　　劳动教养制度经历了五十多年的变迁，几经波折，其概念、性质、内容等都发生了翻天覆地的变化。当年建立劳动教养制度的社会背景早已不复存在。

　　2013年11月15日公布的《中共中央关于全面深化改革若干重大问题的决定》提出，废止劳动教养制度。2013年12月28日全国人大常委会通过了关于废止有关劳动教养法律规定的决定，这意味着已实施50多年的劳教制度被依法废止。

　　在本章中，笔者拟用时间作为坐标轴，梳理劳动教养制度在各个时期的变迁，并对劳动教养的法律性质进行分析，讨论废除劳动教养的各项理由。

[①] 本章内容得益于崔敏教授专题讲座以及与朱嵘、张奇、任蕾三同学的合作，在此致谢。崔敏，男，中国人民公安大学法学院教授，博士生导师，一级警监。朱嵘、张奇、任蕾三同学，皆为中国社会科学院研究生院研究生。崔敏教授专题讲座《劳动教养的历史、弊端与出路》，见中国法学网，https://www.iolaw.org.cn/showNews.aspx?id=32655，最后访问时间2018年3月1日。

第一节　劳动教养的前世——历史的沿革

一　创立阶段

劳动教养制度的诞生可以追溯到新中国成立之初，那时我国尚未形成一个有效治理国家的法律体系，主要采用政策治国的方式。

最早提出建立劳动教养制度的是1955年8月25日《中共中央关于彻底肃清暗藏的反革命分子的指示》，其中明确规定：对肃反运动清查出来的反革命分子和其他坏分子，除判处死刑的和因为罪状较轻、坦白彻底成因为立功而应继续留用的以外，分两种办法处理。一种办法，是判刑后劳动改造。另一种办法，是不能判刑而政治上又不适于继续留用，放到社会上去又会增加失业的，则进行劳动教养，就是虽不判刑，虽不完全失去自由，但亦应集中起来，替国家做工，由国家给予一定的工资。各省市应即自行筹备，分别建立这种劳动教养的场所。全国性的劳动教养的场所，由内务部、公安部立即筹备设立。务须改变过去一个时期"清而不理"的情况。1956年1月，中共中央又发布了《关于各省市立即筹办劳动教养机构的指示》，进一步强调"把肃反中被审查的，不够判刑的反革命分子、坏分子、而政治上又不适合留用，把这些人集中起来，送到一定地方，让他们替国家做工，自食其力。并对他们进行政治、思想的改造工作"。

二　演化阶段

自1955年"肃反"运动开始到1957年，劳教手段还是在严格控制之下，一年半里的劳教人员总数仅仅在10000人左右。但是1957年8月3日，国务院颁布了《关于劳动教养问题的决定》。其中明确规定：劳动教养，是对于被劳动教养的人实行强制性教育改造的一种措施,也是对他们安置就业的一种办法。该规定的初衷,是"为了进一步维护公共秩序,有利于社会建设","把游手好闲、违反法纪、不务正业的有劳动力的人,改造成为自食其力的新人",因此针对的主要对象也是"不够逮捕判刑而政治上又不适合继续留用,放到社会上又会增加失业的"人员。

虽然在这一文件中没有明文提到"右派"这个词,但第1条关于适用对象的第2款中,"罪行轻微、不追究刑事责任的反革命分子、反社会主义的反对分子,受到机关、团体、企业、学校等单位的开除处分,无生活出路的"指的就是"右派"。因为"反右"运动的开展,劳教的收容对象和收容范围都出现了严重的扩大化。全国建立起上百处劳教场所,很快,全国被劳教的人数就将近百万。仅1957年这一年,因被划为"右派"而送往劳教的人数,就有可能在20万以上。[①] 需要指出的是,劳动教养制度的出台,不是单单用来处置"右派"分子的,这是人民政府长期以来研究和考虑出来的一个处置所有坏分子的办法。但是,在这个时候上述文件就成了处置"右派"分子的最严厉的手段。

"文化大革命"时期,劳教手段已经远远不能满足阶级斗争的需要。劳动教养人员被送入劳改队或者监狱中,其余的放归社会,整个劳动教养系统处于停顿状态。直至20世纪70年代末,随着"文化大革命"的结束,改革开放大幕的拉开,劳动教养的恢复也被提到议事日程,劳动教养开始返回最初的轨道。

三 恢复阶段

1979年12月5日,国务院下发了《关于公布〈国务院关

[①] "全国55万余被划分为右派分子的人半数以上失去了公职,相当多数被送劳动教养或监督改造",参见李维汉《回忆与研究》,第839页,中共党史出版社1986年4月第一版,转引自崔敏教授专题讲座《劳动教养的历史、弊端与出路》。

于劳动教养的补充规定〉的通知》，这一通知的内容和制定程序，均体现了对 1957 年国务院规定的继承。

但是，随着社会就业压力的增大，使劳动教养安置就业的性质逐渐丧失，而且社会治安形势的恶化，令劳动教养逐渐成为处罚违法犯罪行为的手段。在"肃反"运动中应运而生的劳动教养制度，开始逐渐适用于"反革命分子"和"坏分子"以外的其他人，这些人主要是指"流氓不守规矩""游手好闲"的人，以及危害社会治安、屡教不改，尚不够逮捕判刑的人，这种将劳动教养适用于不够刑事处分的人的做法，对后来的劳动教养制度产生了较为重要的影响。

1980 年 2 月 29 日，国务院下发《关于将强制劳动和收容审查两项措施统一于劳动教养的通知》。对于劳动教养而言，这份文件的意义在于，它明确提出劳动教养的对象是"有轻微违法犯罪行为，尚不够刑事处罚需要进行强制劳动的人"，为劳动教养制度的重建定下了调子。1980 年 8 月 9 日，公安部按照国务院的安排，写出《公安部关于做好劳动教养工作的报告》上报中央。1980 年 9 月 14 日，中共中央、国务院向全国批准了公安部的报告。这份批准文件提及："……做好劳教工作，是维护社会治安的一项重要措施，需要作为一项长期工作来抓。各省、市、自治区和大中城市的党委和人民政府，要切实领导，统筹规划，并督促有关机关、团体和解放军积极配合，大力支持公安机关做好这个工作。"由此观之，中央对于劳教的定位是打击破坏社会主义犯罪活动的一种手段，是维护社会治安的一项重要措施。并且中央将权力赋予公安机关，而不是劳动教养管理委员会，这正是形成公安机关代行劳动教养管理委员会权力的根本源头所在。

1982 年公安部制定的《劳动教养试行办法》"对劳动教养的各个方面都作出了比较明确具体的规定，使劳动教养的各项

第五章　劳动教养制度的前世今生

工作基本上做到了有法可依",① 其中第 2 条规定：劳动教养，是对被劳动教养的人实行强制性教育改造的行政措施，是处理人民内部矛盾的一种方法。同年国务院下发了《关于转发公安部劳动教养试行办法的通知》，要求各省、市、自治区人民政府结合各地具体情况研究执行。《劳动教养试行办法》是迄今为止有关劳动教养最全面的一部法律规范，共有 11 章、69 条。其中第 10 条规定了劳动教养的六种适用对象。② 1986 年，第六届全国人大常委会第十七次会议通过了《治安管理处罚条例》，又增加了三种可以劳动教养的适用对象：卖淫、嫖宿暗娼以及介绍或者容留卖淫、嫖宿暗娼；赌博或者为赌博提供条件的；制作、复制、出售、出租或者传播淫书、淫画、淫秽录像或者其他淫秽物品的。③ 1990 年，第七届全国人大常委会第十七次会议通过《关于禁毒的决定》又增加了吸食、注射毒品成瘾

---

① 夏宗素、张劲松：《劳动教养学基础理论》，中国人民公安大学出版社 1997 年版，第 73 页。
② 《劳动教养试行办法》第 10 条规定，对下列几种人收容劳动教养：（一）罪行轻微、不够刑事处分的反革命分子、反党反社会主义分子；（二）结伙杀人、抢劫、强奸、放火等犯罪团伙中，不够刑事处分的；（三）有流氓、卖淫、盗窃、诈骗等违法犯罪行为，屡教不改，不够刑事处分的；（四）聚众斗殴、寻衅滋事、煽动闹事等扰乱社会治安，不够刑事处分的；（五）有工作岗位，长期拒绝劳动，破坏劳动纪律，而又不断无理取闹，扰乱生产秩序、工作秩序、教学科研秩序和生活秩序，妨碍公务，不听劝告和制止的；（六）教唆他人违法犯罪，不够刑事处分的。
③ 《治安管理处罚条例》第 30 条规定，严厉禁止卖淫、嫖宿暗娼以及介绍或者容留卖淫、嫖宿暗娼，违者处十五日以下拘留、警告、责令具结悔过或者依照规定实行劳动教养，可以并处五千元以下罚款；构成犯罪的，依法追究刑事责任。第 32 条规定，严厉禁止下列行为：（一）赌博或者为赌博提供条件的；（二）制作、复制、出售、出租或者传播淫书、淫画、淫秽录像或者其他淫秽物品的。有上述行为之一的，处十五日以下拘留，可以单处或者并处三千元以下罚款；或者依照规定实行劳动教养；构成犯罪的，依法追究刑事责任。

的、强制戒除后又吸食、注射毒品的，可以实行劳动教养。①此外，最高人民法院、最高人民检察院也陆续在一些司法解释中规定了一些违法行为可以给予劳动教养。除此之外，不少省市也以地方性法规等形式规定劳动教养的适用对象。②

第二节 劳动教养的今生——存在的问题

从上述对劳动教养的历史变迁之梳理来看，并结合法理分析，其至少存在以下几个方面的问题，而这也是历史遗留下来的问题：

一 劳动教养在适用方面的问题

劳动教养的适用对象和范围规定过于笼统、模糊，违反了处罚法定、违法与处分相适应等原则。劳动教养自创立以来，其适用对象随着时代的发展而不断地出现变化，劳动教养对象的不确定性表现得非常明显，其不断扩大的趋势早已使之失去了原有的意义。我国有学者专门进行过统计，可以列举出20多种劳动教养对象，例如：制作、复制、出售、出租或者传播淫书、淫画、淫秽录像或者其他淫秽物品，不够刑事处分的；参加反动会道门活动，犯罪情节轻微，并确有悔改表现的一般中

---

① 《全国人民代表大会常务委员会关于禁毒的决定》第八点规定：吸食、注射毒品的，由公安机关处十五日以下拘留，可以单处或者并处二千元以下罚款，并没收毒品和吸食、注射器具。吸食、注射毒品成瘾的，除依照前款规定处罚外，予以强制戒除，进行治疗、教育。强制戒除后又吸食、注射毒品的，可以实行劳动教养，并在劳动教养中强制戒除。

② 以山西省为例，1985年11月27日，山西省人民政府颁布的《山西省消防管理处罚试行规定》中规定："对多次违法消防管理规定并造成严重后果的责任人或单位负责人，经当地劳动教养管理委员会批准，实行劳动教养。"

小道首，被人民法院免予刑事处分的；吸食、注射毒品成瘾，强制戒除后又吸食、注射毒品的；非法拦截列车、在铁路上置放障碍物或击打列车、在线路上行走或在钢轨上坐卧等危害铁路行车安全行为的；有配偶的人与他人非法姘居，情节恶劣的；多次倒卖车票、船票、飞机票和有效定座凭证，屡教不改，不够刑事处分的；非法收购、倒买倒卖、走私黄金不足50克的等等。① 有关部门、地方还通过立法，不适当地延伸劳动教养对象，现实中执行的劳动教养收容范围，已远远不是国务院《关于劳动教养问题的决定》所规定的四种人，② 且突破《劳动教养试行办法》所规定的六种人的限制。一些国家部门通过政策性文件来扩大劳动教养的适用范围。实践中有"够治安处罚的，就可以适用劳动教养"的说法，说明只要触犯治安管理处罚，就有可能被劳动教养。劳教执行机关形象地戏称："劳教是个筐，什么人都可以往里装"。

实践中，有些公安机关为了片面追求结案率，对于一些在法定期限内，取证比较困难，犯罪事实难以查清，仍需继续侦查、取证，又不符合取保候审、监视居住条件的犯罪嫌疑人；或者案情复杂，受多方面条件限制，甚至明知有罪，但重要情节拒不承认的疑难案件，只好作劳动教养处理，待案件查清后

---

① 相关文件可参阅《最高人民法院、最高人民检察院、公安部、司法部关于处理反动会道门工作中有关问题的通知》等。
② 《关于劳动教养问题的决定》第一点规定，对于下列几种人应当加以收容实行劳动教养：（1）不务正业，有流氓行为或者有不追究刑事责任的盗窃、诈骗等行为，违反治安管理、屡教不改的；（2）罪行轻微，不追究刑事责任的反革命分子、反社会主义的反动分子，受到机关、团体、企业、学校等单位的开除处分，无生活出路的；（3）机关、团体、企业、学校等单位内，有劳动力，但长期拒绝劳动或者破坏纪律、妨害公共秩序，受到开除处分，无生活出路的；（4）不服从工作的分配和就业转业的安置，或者不接受从事劳动生产的劝导，不断地无理取闹、妨害公务、屡教不改的。

再转捕；有些案件，证明有罪证据不足，但又没有充分的证据证明无罪，公安机关为了避免被检察院退回，干脆不移送检察院，而采取劳动教养的办法，甚至一些地方还发明了"暂作劳动教养处理"的"招数"。显然，这些都违背了处罚法定这一最基本的原则。对该原则的背弃，意味着人人都不安全，因为说不定哪天就因从未听过的原因而被劳动教养。显然，这是一个法治国家不应出现的情形。

劳动教养实质上也是剥夺人身自由。劳动教养剥夺人身自由短则1年，长则达到4年。因此，劳动教养与刑罚在责任承担上的失衡是影响劳动教养处分公正性的一个重大问题。在实践中，往往出现令人尴尬的矛盾。同一案件中，主犯构成犯罪被判1年有期徒刑，从犯不构成犯罪被处3年劳动教养，结果是从犯处罚重于主犯。因此，有些从犯宁可再犯罪，以求得被判刑，也不愿被劳教。如同一案件中，都是盗窃，数额满1000元的，构成犯罪，判刑6个月拘役，数额不满1000元的，不构成犯罪，处1年甚至2年劳动教养。可见这种适用对象、适用范围上的混乱，违反了处罚法定、违法与处分相适应等原则，滋生了再犯罪以及宁可犯稍微重一点的罪的畸形土壤，使劳动教养一直遭到诟病。

二 劳动教养在法律方面的问题

劳动教养的法律地位模糊、性质不明确，且与《宪法》等法律相冲突。在劳动教养适用对象不断扩充的同时，劳动教养的性质却一直没有在法律中明确规定。1980年国务院和公安部先后出台了《关于将强制劳动和收容审查两项措施统一于劳动教养的通知》和《关于做好劳动教养工作的报告》，基本上将劳动教养定性为由公安机关行使的、打击破坏社会主义犯罪活动的一种治安措施。在公安部《关于做好劳动教养工作的报告》中将劳动教养定性为"强制性教育改造的行政措施",但这并不是一个严格意义上的法律用语。1983年5月,中共中央和国务院决定,将劳动教养场所的管辖权从原来的公安部门交由司法行政部门,而对需要劳动教养的人进行调查和审查批准还是由公安机关进行。这一管理机制上的特殊性和理解上的差异引发了劳动教养制度究竟是行政强制措施还是行政(治安)处罚的争议。尽管1991年国务院新闻办公室发布的《中国的人权状况》白皮书中,将劳动教养定性为行政处罚,但是1996年颁布实施的《行政处罚法》中并未将劳动教养规定为一种行政处罚方式。

官方对劳动教养性质规定的屡次变化,使得人们对于劳动教养一直处于不确定性的模糊认识之中。此外还有不少专家学者对劳动教养的性质进行过深入地探讨,学界也存在行政处罚说、行政强制措施说、新保安处分说、第三公共处罚领域说以及多重论等不同观点。由此可见,劳动教养性质的认定到目前为止仍莫衷一是。而且劳动教养的法律地位模糊、与其他法律之间产生种种矛盾的诟病亦不容忽视。

我国现行《宪法》第37条规定:"中华人民共和国公民的人身自由不受侵犯。任何公民,非经人民检察院批准或者决定或者人民法院决定,并由公安机关执行,不受逮捕。禁止非法拘禁和以其他方法非法剥夺或者限制公民的人身自由。"但实际情况却是劳动教养未经任何司法程序,不需审判,仅由公安机关这样的一家行政机关决定,就可限制公民人身自由长达1-3年甚至4年,与我国宪法规定有明显冲突。劳动教养制度与现行《立法法》《行政处罚法》《行政强制法》的规定亦相冲突。《立法法》第8条规定:"对公民政治权利的剥夺、限制人身自由的强制措施和处罚,只能通过制定法律来设定,并且全国人大及其常务委员会不宜授权国务院先行制定该事项的行政法规。"《行政处罚法》第9条："法律可以设定各种行政处罚，限制人身自由的行政处罚，只能由法律设定。"《行政强制法》第10条规定："行政强制措施由法律设定。尚未制定法律，且属于国务院行政管理职权事项的，行政法规可以设定除本法第九条第一项（限制公民人身自由）、第四项（冻结存款、汇款）和应当由法律规定的行政强制措施以外的其他行政强制措施。法律、法规以外的其他规范性文件不得设定行政强制措施。"

而劳动教养不仅限制人身自由，而且在一定程度上剥夺人身自由，其法律渊源却是1957年国务院《关于劳动教养问题的决定》、1979年国务院《关于劳动教养问题的补充规定》和1982年公安部《劳动教养试行办法》等，这些规定均属于行政法规和部门规章范畴，显然不能规定剥夺、限制人身自由的强制措施和处罚。即不论劳动教养的性质属于行政（治安）处罚还是行政强制措施，由这些规定来限制或剥夺人身自由，显然与《立法法》《行政处罚法》《行政强制法》等法律相冲突，即下位法违反上位法的事实凸显。而这些法律规定中的矛盾与冲突，在实践中导致了许多不应有的争议。

三　劳动教养在程序方面的问题

现行劳动教养的程序规定存在严重缺陷，体现出程序的不公。现行劳动教养适用程序包括劳动教养的提请、审批、复议、执行、救济、监督等。其一般程序是公安机关做出决定，劳动教养委员会审批，司法行政机关执行。根据《劳动教养试行办法》第12条规定："对需要劳动教养的人，承办单位必须查清事实，征求本人所在单位或街道组织的意见，报请劳动教养委员会审查批准，作出劳动教养的决定，向本人和家属宣布决定劳动教养的根据和期限。被劳动教养的人在劳动教养通知书上签名。"由此可见，劳动教养的决定程序是很原则和不透明的，因此在实践中这种操作还可能进一步被简化。现实情况是劳动教养委员会形同虚设，它没有具体的办事机构，其权力由公安机关代为行使。民政、劳动、司法部门的负责人根本无法参与具体的审查活动，并且民政、劳动部门也不属司法部门，按现在法律法规，它们根本无权决定剥夺公民人身自由。其结果是公安机关集劳动教养的决定机关、审批机关、审查机关于一身。然而这就涉及了限制或剥夺人身自由的决定主体，当然这与之前的文件相关——中央将决定的权力赋予了公安机关，而不是劳动教养管理委员会。

在审批过程中，负责审批的人员只是根据呈报的书面材料进行审查，并不直接与被审批人员见面。被审批人员根本无权自我辩护以及请律师为本人辩护。由于劳动教养不受相关法律调整，被劳动教养人员的上诉权事实上也是不存在的。对于劳动教养人员的复议权，《劳动教养试行办法》规定："被决定劳动教养的人，对主要事实不服的，由审批机关组织复查。经审查后，不够劳动教养条件的，应撤销劳动教养；经复查事实确凿，本人还不服的，则坚持收容劳动教养。"可见，劳动教养的审批机关和复查机关是在同一机关执行的，其效果可想而知。此外，即使审批机关同意进行复查，却不能停止劳动教养的实际执行。劳动教养决定程序的缺陷，使其几乎不可避免地造成冤假错案，也使劳动教养长期背负侵犯人权的恶名。

至于监督，鉴于人民检察院是我国的法律监督机关，公安机关接受其法律监督是应有之义；另外，人民群众对行政机关的监督权是宪法赋予的权利，所以劳动教养的提请、审批、复议、执行、救济等程序理应受到她们的监督。但在劳动教养程序中，并未建立像刑事程序中人民法院、人民检察院和公安机关之间"分工负责，互相配合，互相制约"的机制，相关程序本身不涉及人民法院和人民检察院，同时人民群众对于封闭性较强的劳动教养程序了解也微乎其微，不能较好地进行监督。所以综合而言，一套完整的劳动教养监督机制并未真正建立。

四 劳动教养在国际义务方面的问题

劳动教养制度与我国需要履行的国际义务规定相冲突。1998年，我国政府就已经签署了《公民权利和政治权利公约》，其第9条第1款规定："除非依照法律所规定的根据和程序，任何人不得被剥夺自由。"联合国1976年生效的《国际人权公约》第14条第1项规定："人人有资格由一个依法设立的合格的、独立的和无偏倚的法庭进行公正的和公开的审判。"再之前，1955年在日内瓦举行的第一届联合国防止犯罪和罪犯待遇大会通过的《囚犯待遇最低限度标准规则》对住宿、医疗等都有十分具体的规定，其第一部分第12条规定"卫生设备应当充足，使能随时满足每一囚犯大小便的需要，并应维持清洁和体面"，第13条规定"应当供给充分的浴盆和淋浴设备，使每一个囚犯能够依规定在适合气候的室温之下沐浴或淋浴，其次数依季节和区域的情况，视一般卫生的需要而定，但是，在温和气候之下，最少每星期一次"。很显然，我国现行劳动教养的法律依据、决定程序、劳教所的软硬条件与这些规定都不相符合。从应承担的国际义务来考虑，我国政府应该制定相关劳教法律，确立符合国际公约的规定，以使我国在未来能够履行相关国际公约义务的需要，避免招致国际社会的批评和攻击。

也就是说，劳动教养无论是其本身的性质、适用对象，还是其法律依据、适用程序，都与依法治国的要求不相符，这种法外施法的做法与法治社会的目标也是格格不入、相去甚远的。故，劳动教养亟待改革。

第三节　劳动教养的终结——争议中废除

2011年以来的多起案件，把"劳动教养"这个中国特色的制度再次推向社会舆论的风口浪尖，并最终导致劳动教养的废除。

一　引发争议的若干案件

任建宇，重庆人，曾是重庆市彭水县大学生村官。2011年，在腾讯微博和腾讯博客复制、转发、评点一百多条"负面信息"，重庆市公安局以"涉嫌煽动颠覆国家政权"于2011年9月23日将其逮捕，随后决定对任建宇"劳动教养两年"。2012年11月19日，任建宇被江津公安从劳教所接出，重获自由。①

赵梅福，兰州市皋兰县村民，北理工研究生郭大军的母亲，2012年12月，来北京探子，被兰州警方遣送回乡劳教。赵梅福来北京看望儿子，却被当地兰州警方遣送回老家，家里接到她被劳教一年的处罚通知书，只因她有20多年上访的"黑底儿"。郭大军通过微博展开了救助母亲的行动。被劳教18天后，甘肃兰州皋兰县村民赵梅福被获准所外就医。所外就医当天，兰州市公安局发布通报，称对其劳教有法可依。②

而近年来闹得沸沸扬扬、引发各界争论的恐怕要数唐慧案了。唐慧，湖南省永州人，"湖南永州少女被迫卖淫案"中受害者11岁的乐乐之母。2012年8月3日，湖南省永州市公安

---

①　"期待"任建宇案"助推劳教制度改革"，人民网，http://www.people.com.cn/24hour/n/2012/1012/c25408-19236262.html，最后访问日期2018年3月1日。

②　"兰州警方：赵梅福进京探子实为上访"，人民网，http://politics.people.com.cn/n/2012/1201/c70731-19757041.html，最后访问日期2018年3月1日。

局零陵分局以"扰乱社会秩序"为由,对唐慧处以"劳动教养1年6个月",随后唐慧被押送至湖南株洲的白马垅劳教所。唐慧不服劳动教养决定,于8月7日向湖南省劳教委提出了书面复议申请。劳教委经审查,决定受理,并依法启动了复议程序。同月10日,唐慧的劳动教养决定经复议被依法撤销。2013年1月12日,称"再次受到伤害"的唐慧说,将就劳教赔偿问题提起行政诉讼。唐慧诉永州市劳教委一案于2013年4月12日开庭,永州市中级人民法院一审判决驳回唐慧的诉讼请求。2013年7月15日唐慧案二审胜诉。①

二 劳动教养的最终废除

类似的案件不胜枚举,虽然当事人最终因某些原因可能被释放,但也正是如此,最初劳动教养决定的合法性与合理性愈加受到社会的质疑。面对舆论热议,全国政法工作会议启动了劳教制度的改革。2013年1月7日全国政法工作会议在京召开,会议明确提出,2013年将推进劳教制度改革、户籍制度改革、涉法涉诉信访工作改革、司法权力运行机制改革,全力建设平安中国、法治中国。②2013年11月15日公布的《中共中央关于全面深化改革若干重大问题的决定》提出,废止劳动教养制度。2013年12月28日全国人大常委会通过了关于废止有关劳动教养法律规定的决定,这意味着已实施50多年的劳教制度被依法废止。决定规定,劳教废止前依法作出的劳教决定有效;劳教废止后,对正在被依法执行劳动教养的人员,解除劳

---

① "人民网评:唐慧胜诉,让法治信仰护佑公平正义",人民网,http://opinion.people.com.cn/n/2013/0715/c1003-22203722.html,最后访问日期2018年3月1日。
② "政法工作会议提出将推进劳教制度改革",人民网,http://politics.people.com.cn/n/2013/0108/c1001-20124889.html,最后访问日期2018年8月1日。

动教养，剩余期限不再执行。2013年12月底，北京市所有劳教所均已摘牌，所有劳教人员也均已被释放。

劳动教养制度的废除是中央推进司法改革以来的重大举措，堪称中国法治的巨大进步，劳动教养的重要特点是不经法院审判而由公安机关为主的劳动教养委员会剥夺违法责任人自由，其废除意味着由公安机关决定的人身自由剥夺处罚的种类减少。但是，大量的行政拘留仍然由公安机关决定，我们可以称之为"警察裁判"，这与法治发达国家的法院裁判仍然存在着明显差异。在下一章中，笔者拟讨论建立中国的治安法庭，重新配置司法职权，以解决警察裁判问题。

第六章

建立中国的治安法庭制度

治安法庭,也称治安法院①、预审法院,是广泛、长期存在于英、美、法系国家的一种审判机构。它的主要职能有四:一是负责审理尚不构成犯罪的违法行为;二是负责审查和决定刑事诉讼中的程序问题,进行司法监督;三是对强制措施及限制公民人身权和财产权的强制性措施进行决定或批准;四是负责诉前预审。治安法庭的职权是各国法院在审判职权之外应当具备的其他职权,但在我国却为公安机关和检察机关所行使。如公安机关行使对治安案件的审理、处罚权;检察机关行使法律监督权,有权对公安机关、法院在刑事诉讼中的违法行为进行监督;检察机关和公安机关行使涉及限制公民人身权和重大财产权的强制措施的决定权和批准权;检察机关行使对刑事案件的审查起诉权(实体审加形式审),无真正的法院预审制度,审判法庭只进行形式审。上述职权配置和运行机制存在着一系列的结构性问题,在实践中难以解决。本书立足于调整现行司法职权配置,收回法院应有职权,提出了建立治安法庭制度的具体设想。

---

① 严格来说,治安法庭在英国被称为治安法院,独立于其他法院。因目前我国的司法体制不可能设立独立的治安法院,只能在现有法院内部设立治安法庭。故本书援引这一制度时,均将其称为治安法庭。

第一节 现行司法职权配置存在的问题

一 若干刑事诉讼国际共识

根据国际通行的司法原则和人权原则,任何涉及剥夺、限制公民人身权利的行为,只能由法院依法定程序做出,其他机关均无权做出决定。故国际通行的做法,是将治安案件(或称违警罪案件、微罪案件),即违法行为引发的案件交由治安法庭(或违警罪法庭)处理,而非警察部门处理。

防范司法专横和公权力滥用是国际社会的另一个共识,即通过中立的司法机关对行使公权力的追诉机关的诉讼行为加以规制以达到防范出入人罪保障人权的目的。一般是由法院对侦查和检察机关的诉讼行为进行司法审查,行使司法监督权,达到遏制程序违法,保障程序公正,从而最终保障实体公正的效果。由于审判法庭本身不堪重负,且从程序上难以在正式开庭审判前对警察机关、检察机关的程序违法问题进行监督、审查,英美法系各国往往都将司法监督权赋予治安法庭,由其对程序问题进行专门审查,行使司法监督权。而大陆法系国家则将这项权力赋予诉前预审法官或侦查法官处理,作用大同小异。

强制措施及限制公民人身权和财产权的强制性措施[1]必须经法院决定或批准后方可实施,也是世界通行的做法[2]。由于上

---

[1] 强制性措施是指五种强制措施以外的其他强制性侦查方法,包括讯问犯罪嫌疑人、被告人;搜查;扣押物证、书证;勘验、检查;通缉等多种带有强制性的侦查措施,以及扣押、冻结财物等强制性保全措施。

[2] 即令状主义。

述措施涉及对公民人身权和财产权进行审前限制,当今世界各国均对此高度重视。为防范司法专横和公权力滥用,一般均由法院行使对强制措施及限制公民人身权和财产权的强制性措施的决定或批准权。

目前,世界主要国家刑事诉讼法均规定:凡是按正式起诉程序由刑事法院审判的公诉案件,都要经过法院的诉前预审(法律另有规定的除外)。预审①,作为审判前的必经程序,对于保障进入庭审的案件的质量,特别是证据方面的质量;对于保障无罪的人,不应受到追诉的人免受审判、免遭羁押,以及节省司法资源都具有重要意义,而且避免了开庭时可能出现的不利于审判进行的许多问题,是各国普遍适用的程序。②

二 国内的现状和存在的问题

我国现行司法职权配置存在着一定问题,与上文谈及的若干刑事诉讼国际共识有所不同。

(一)我国现行的司法职权配置

我国法院目前配置的职权仅限于审判职权,法院在审判职权之外应当具备的其他职权,在我国为公安机关和检察机关所行使:

1. 公安机关行使对治安案件的审理、处罚权。公安机关有权根据《治安管理处罚法》对尚不构成刑事犯罪的违法行为处以治安拘留。

2. 检察机关行使司法监督权。检察机关有权对公安机关、

---

① 国际通行的预审定义,不是指实践中公安机关对犯罪嫌疑人的第一次讯问,而是指审判机关对检察机关提起公诉的案件进行实体审查或程序审查,以决定是否受理此案的程序。

② 宋世杰等:《外国刑事诉讼法比较研究》,中国法制出版社2006年7月第1版,第66页。

法院在刑事诉讼中的违法行为进行监督。

3.检察机关和公安机关行使强制措施及限制公民人身权和财产权的强制性措施的决定或批准权。

4.检察机关行使对刑事案件的审查起诉权（实体审加形式审），无真正的法院预审制度，审判法庭只进行形式审。

(二) 存在的问题

1.公安机关处理治安案件，争议较大。公安机关是行政执法机关和刑事侦查机关，不能够处理应由法院负责的案件：（1）根据国际习惯和通行原则，涉及限制公民人身权利的决定必须由法院做出。（2）公安机关相对于违法行为的实施人来说是追诉机关，行使追诉职能，缺乏裁判者应当具有的中立性，让它同时负担裁判职能显然是混淆了职能，又会造成控审不分的情况，裁决结果很难让人信服。（3）行政拘留限制人身自由的时间可达15天，却在没有法院审判，律师辩护和上诉等救济措施的情况下由追诉方公安机关单方做出，一直为国内外有识之士所诟病。（4）公安机关听证程序不是必经程序，行政拘留作出后也需当事人提出听证请求才能进行，而非自动启动。

2.检察机关行使司法监督权，主体不适格。司法监督权是由中立的审判机关行使的对追诉方即侦查、检察机关等代表国家行使公权力之机关的诉讼行为进行监督，发现并纠正程序违法问题，据以限制公权力滥用，保障刑事诉讼公正合理进行的一种司法职权。由检察机关行使这一职权是受前苏联大检察主义的影响，在实践中存在下列问题：（1）和公安机关一样，检察机关是追诉机关，不具有中立性，由其对同是追诉机关的公安机关的程序违法问题进行监督，实践中效果不大。一般情况下，只要不出现刑讯逼供致使犯罪嫌疑人伤亡或严重的超期羁押等情况，检察机关并没有太大兴趣对公安机关在侦查活动中其他程序违法问题进行监督。（2）检察机关对自身诉讼行为中的程序违法问题的监督是内部监督，不具有说服力，其他机关不能介入，当事人很难寻求救济。（3）检察机关对法院的监督，虽然在客观上起到了监督法院认真履行审判职能的作用，但在角色上却相当于运动员对裁判员发号施令，监督职能与公诉职能冲突，在实践中影响了法院审判权的独立行使。而且，在这种体制下，律师很难与检察机关抗衡，辩护职能因此大打折扣。

3. 同样道理，对强制措施及其他限制公民人身权和财产权的强制性措施的决定和批准不由法院负责而由承担公诉职能的检察机关和承担侦查职能的公安机关负责也犯了让运动员兼作裁判员的错误。对强制措施及其他限制公民人身权和财产权的强制性措施的决定和批准，包括对拘留、逮捕、监视居住、取保候审的决定和批准，人身、住宅搜查的决定和批准，扣押、冻结财产的决定和批准，以及对强制措施的变更和延长，等等。只有逮捕需由检察机关再履行一次批准手续，其他强制措施和强制性措施都由公安机关或检察机关侦查部门单独决定，随意性极大。这也正是侦查阶段公民权利屡受侵犯的深层原因所在。

4. 检察机关审查起诉是负责对是否将该案提交法院审判进行审查，却从某种程度上取代了法院对是否受理该案件的预审。检察机关认为应当提起公诉的案件，应当最终由法院决定是否受理。而在现行制度下，法院只对案件进行形式审，而将真正之预审权的大部分交给检察机关，这就造成诉前审（预审）的缺失或形同虚设。凡是检察机关决定起诉的案件，只要材料齐全法院就统统受理。法庭在开庭前需要对案件是否可能构成犯罪（即是否应当受理），案件是否应追究法律责任，案件材料是否齐备，做出是否受理的决定。决定受理后还需进行以下工作：证据的保全、展示、交换和非法证据排除，整理和明确讼争要点，案件的提前处理与分流，以为正式庭审做准备。这些繁杂的准备工作,检察机关的审查起诉不能做,合议庭的形式审也做不到。

上述职权配置和运行机制存在着一系列的结构性问题,在实践中难以解决。因此,调整现行司法职权配置扩大法院职权或恢复法院原有职权,就显得非常必要而且迫切。

三 国外的实践经验

(一)概述

1. 治安法庭制度主要在英美法系国家实行,但在大陆法系国家也能找到它的影子。它的职能如下所述:

(1) 审理治安案件。

(2) 对程序性问题进行司法审查,即对发生在刑事诉讼中的程序违法问题进行审查、纠正。

(3) 对强制措施及限制公民人身权和财产权的强制性措施进行决定或批准。

(4) 对刑事案件进行预审,通过实体审和程序审查明案件是否符合受理标准,是否有追诉必要,最终决定是否受理。

(5) 分流案件,通过预审确定案件性质,依据不同性质自行审理或交由刑事法院等其他法院审理。

2. 英美法系国家和大陆法系国家对履行治安法庭职责,即上述五项职责的全部或部分的法庭(或法官)的称谓不同。在英国和大部分英美法系国家,这种法庭或法官被称为治安法院(庭)或治安法官。美国存在双轨制的邦州两套审判机构,由州基层法院法官负责类似于我国治安案件的微罪案件,由联邦地方法院法官负责预审,由州法院和联邦法院各级法官对涉及限制公民人身权和重大财产权的强制措施进行决定或批准。大陆法系国家没有英美法系国家那样独立的治安法院,但也一样有专门的法官履行治安法庭或治安法官的上述职责。法国由违警罪法院审理类似于我国治安案件的违警罪案件，由一级预审法官对涉及限制公民人身权和重大财产权的强制措施进行决定或批准，由二级预审法官对程序性问题进行司法审查。德国由侦查法官负责对涉及限制公民人身权和重大财产权的强制措施进行决定或批准，对程序性问题进行司法审查，由阅卷法官负责预审。

下面我们就简要介绍一下国外的治安法庭及类治安法庭对预审和对涉及限制公民人身权和重大财产权的强制措施的规定：

（二）对预审的规定

在大部分英美法系国家，治安法院就是其预审法院。预审程序由治安法院进行。而大陆法系国家一般由专门的预审法官进行。治安法官（预审法官）与开庭法官是分别进行工作的。治安法官（预审法官），不能进行正式的审判，开庭审判的法官亦不能参与预审。

1. 英国的大陪审团制度。现行的预审制度源于英国的大陪审团制度。[①] 英国现在虽然已经正式取消了大陪审团制度，但是起诉审的功能并没有因此而消失。治安法院的治安法官，即预审法官，由其负责完成审查起诉的任务。

预审的任务是要求预审法官审查证据是否充分，起诉的法律条件是否齐备，起诉理由是否合理，而不是确定被告人是否有罪。英国规定，除法律另有明确规定的以外，正式起诉必须先经过治安法院的预审程序，或称起诉审。治安法院对预审的管辖权遍及全国，即无论犯罪发生在国内何处，治安法院都有权进行预审。

---

① 周欣：《欧美日本刑事诉讼法》，中国人民公安大学出版社 2002 年版。

2. 美国的预审听证审查①。预审听证在美国居主要地位，其目的是：（1）防止草率、预谋、浪费和暴虐的起诉；（2）为使被指控人免受公开的不公正的犯罪指控；（3）为被告人和公众节省诉讼费用。预审听证的具体程序与大陪审团不同，预审听证采用抗辩式程序，由预审法官做出决定。因此，审查过程中还附带其他一些职能。是否经过预审听证程序，可由被指控人、检察官自行选择。

3. 美国的大陪审团审查。如果检察官不想将自己掌握的证人、证据在预审听证中暴露给辩护律师，或者被指控人提出要求，或者该案件属于联邦法院受理的重要案件，可由大陪审团进行正式审查，并决定是否起诉。如果预审听证的结果（包括大陪审团的审查结果）认定已知证据可以证明被指控人有罪，检察官将根据预审听证结果或者大陪审团的结果制作对被指控人的正式起诉书。

（三）对强制措施及限制公民人身权和财产权的强制性措施进行决定或批准

在德国由侦查法官对强制措施及限制公民人身权和财产权的强制性措施进行决定或批准。

根据德国基本法第19条第4款的规定，警察机关、检察机关所有涉及限制公民自由、财产、隐私权的强制性措施一般都必须接受法院的审查，由侦查法官做出决定，只有法定的紧急情况例外。通过这些措施所取得的证据，在法庭审理程序中才具有证据效力。侦查法官隶属于地方法院，其办公室一般设在警察局或拘留所中，以便能够在侦查程序中及时依其权限做出决定。检察官虽然是侦查程序的领导者，享有指挥警察进行侦查的广泛权力，但在诸多问题上检察官只有请求权，决定权则

---

① 周欣：《欧美日本刑事诉讼法》，中国人民公安大学出版社2002年版。

属于侦查法官。检察官只能提请侦查法官进行审查，并由侦查法官做出决定。

德国重视诉讼活动中的人权保障问题①，刑事诉讼中规定的强制措施不仅包括对人身权利的限制，还包括对人的其他权利的限制。德国诉讼法认为这些措施都是对人权的限制，它的范围主要集中在：人身自由、活动自由、财产、住所、通讯和职业活动六个方面。具体强制措施种类包括：逮捕、审前拘留、身份认定、带至有关当局、通缉、观察所观察、身体检查、鉴定、扣押，通讯监听、搜查以及其他临时性措施，如：在精神病院羁押或未成年教养机构羁押，暂时没收驾驶执照，暂时禁止职业活动，等等。而上述强制措施的决定均需由侦查法官做出。

第二节　建立中国的治安法庭

一　建立治安法庭制度的可行性

中国自清末变法以来，经过百余年的时间，吸收并消化了大量西方的先进法律思想，并结合中国实际建立了一整套较完备的法律制度。新中国成立后，特别是改革开放40年来，法律建设日新月异，中国的法律制度日趋现代化、正规化。世界通行的法律原则绝大多数都为中国所接受。罪刑法定原则，罪刑相适应原则以及法院定罪原则早已不只是西方法律体系的专有，已成为我国法律制度的基石。目前，我国所进行的司法改革与其说是对法律制度的根本性变革，不如说是对法律体系和制度的完善和提高。治安法庭是英美等现代法制国家的法治成果，是经长期实践证明行之有效的法律制度。以目前我国的政治、

---

①　周欣：《欧美日本刑事诉讼法》，中国人民公安大学出版社2002年版。

法律现代化程度，社会的文明进步程度，司法人员的法制素养以及公民日益提高的法律意识和法律信念，引入治安法庭制度的条件已经成熟，思想和制度基础已经具备。同时，随着公民权利意识的提高和国家对人权的重视，建立治安法庭以充分保障公民人身权，以严格遵守程序法的呼声也日益高涨，其迫切性也不容忽视。故而筹划建立治安法庭，可以也应当成为摆上议事日程的问题。

二 我国治安法庭应当配置的司法职权

我国的治安法庭应当配置前文所述的治安法庭的各种职权，详述如下：

（一）我国治安法庭应当配置的司法职权

1. 审理治安案件。

2. 对程序性问题进行司法审查，即对发生在刑事诉讼中的程序违法问题进行审查、纠正。

3. 对强制措施及限制公民人身权和财产权的强制性措施进行决定或批准。

4. 对刑事案件进行预审，通过实体审和程序审查明案件是否符合受理标准，是否有追诉必要，最终决定是否受理。

5. 分流案件，对公安机关和检察机关进行追诉的案件，通过预审进行甄别，确定案件属于治安案件、可以适用简易程序的案件或一般刑事案件，依据不同性质自行审理或交付刑庭审理。

以下依次对这些司法职权加以说明。

（二）办理治安案件

治安法庭应当履行的主要职责之一，是审理治安案件。依据国际通行的做法，现在由公安机关负责处理的治安案件，应交由法院审理。任何人不经法院依法定程序公开审理，不得被剥夺生命、自由和财产。治安案件中的行政拘留是对人身权的短时间限制，也只能由法院做出，其他任何机关都无权做出。同时，做出裁判的机关必须是中立的。公安机关同时是追究治安违法行为的机关，不具有中立性。由其处理治安案件，类似于诉审合一，难以保障治安处罚相对人的合法权益。法院以其超然的独立性可以对治安案件进行中立的裁判，这样就很好地解决了这一问题。治安案件必须经法院依法审理后作出，公安人员可出庭支持"公诉"。治安案件不同于民告官的行政诉讼，不能由行政庭审理。各主要国家均将其交由治安法庭或同样性质的违警罪法庭处理，我国也应当借鉴这一行之有效的做法。

（三）司法审查职能

法院应当对刑事诉讼中的程序问题进行司法审查。司法审查是由法院对刑事诉讼中出现的程序性问题，主要是侦查、检察机关的程序违法问题进行审查与纠正。它是法院监督刑事诉讼合法进行的重要权力。目前在我国却是一项空白，或者说被错误的赋予了检察机关。法院仅能通过上诉审对下级法院实施的诉讼行为进行司法审查，而无权对侦查、检察机关实施的刑事诉讼行为进行司法审查。前文对检察机关行使司法审查权（或称法律监督权）存在的问题已经进行了分析，法院应当勇敢地担负起司法审查的职责，对侦查、检察机关在刑事诉讼中的工作进行监督审查，发现问题，纠正问题。由于法院固有的中立性和消极性，要求其积极主动地对诉讼行为进行监督是不合理的，因此必须赋予诉讼参与人以相应权利。即犯罪嫌疑人、被害人及其法定代理人、委托代理人和其他诉讼参与人有权对侦查机关、检察机关在刑事诉讼中违反程序法的问题向法院提出程序违法的审查申请，而法院必须受理。受理后法院对被申请行为进行审查，如该行为程序违法，则宣告该行为无效。同时，法院有权要求侦查、检察机关采取补救措施，并有权对出现程序违法的侦查、检察机关或其上级机关发出司法意见,对直接责任人进行惩戒。

(四) 对强制措施及限制公民人身权和财产权的强制性措施进行决定或批准

目前,世界主要国家均采取令状主义规范追诉方拟采取的限制公民人身权和财产权的强制性措施。具体做法是:拘传、拘留、逮捕、取保候审、监视居住、人身搜查、车船、住宅搜查、电话监听、信件检查、窃听、扣押财物、冻结钱款等措施,只有在侦查机关向法院申请,获得法院批准后方可实施,任何机关不得未经批准擅自实施。

侦查机关、检察机关在侦查和审查起诉过程中,如遇需实施强制措施、强制性措施或秘密侦查措施,不能像以前一样只经过县以上公安机关负责人或同级检察机关批准,而必须说明理由提出申请,统一由同级法院治安法庭批准。通过治安法庭的司法审查,可以有效地规范侦查、检察机关的审前诉讼程序,实现司法权对行政权的有效规制,对遏制擅用强制措施、强制性措施和秘密侦查手段侵犯公民人身权利、避免报复陷害、出入人罪具有重大意义。

由司法机关(审判机关)对侦、检机关追诉过程中采取的强制措施、强制性措施、秘密侦查措施进行监督审查是人类法制文明和进步的体现。它解决了侦、检机关自我监督"刀难削把"的尴尬处境和检察机关对侦查机关进行监督存在的问题和局限,是对公民权利的有力保障,也是对司法(行政)专横的有效预防。

(五) 预审职能

世界主要国家均规定:凡是按正式起诉程序由刑事法院审判的案件,都要经过预审(法律另有规定的除外)。预审的作用是对准备向法院起诉的刑事公诉案件进行审查,为此,也称为起诉审。这种设置的目的是加强法官对警察侦查活动,特别是检察官起诉活动的监督和审查。为防止先定后审、先判后审,预审必须由负责法庭审判的法官以外的法官主持,即治安法庭法官主持。

我国治安法庭的预审,应当包括案卷审查和审前会议两个部分:

1. 案卷审查:法官对有关资料的审查应为书面审和实体审。

(1) 书面审,是指预审法官只根据公诉方移送的案卷中的诉讼文书和控诉证据进行预审,无须当事人进行口头举证或辩论。

(2) 实体审,是指预审应改变目前我国法院只对案件进行形式审的局面,法官对有关材料的审查应同时包括形式审和实体审。即法庭应对全部的诉讼文书和全部的控诉证据的形式和内容进行审查。不仅要审查各种诉讼文书和控诉证据是否齐全,形式是否合格;也要审查控诉证据是否已经形成证据链条,是否能够达到起诉的证明标准;还要考虑犯罪是否属于不追究刑事责任的范畴。

2. 审前会议:治安法庭进行案卷审查后,如认为可以受理,应当召开审前会议。审前会议是由治安法庭法官主持召开的,由控辩双方参加的,集中解决正式审判前应解决问题的会议。审前会议需解决以下问题:(1) 决定是否开庭审判及是否改变管辖;(2) 整理和明确诉争要点;(3) 解决证据保全、证据可采性、证据展示、非法证据排除及其他有关证据的法律问题等。①

――――――――――

① 宋英辉、陈永生:《刑事案件庭前审查及准备程序研究》,《诉讼法理论与实践·2001 年刑事诉讼法学卷》(上),第 528 页。关于审前会议,笔者将在后文加以详细说明。

(六)治安法庭分流案件的职能

1. 治安法庭在对公安机关、检察机关进行追诉的案件进行审查后,将案件分为下列三种:

(1)治安案件。即违反《治安管理处罚法》等法律、行政法规,尚不触犯《刑法》的违法行为。

(2)可适用简易程序,由审判员一人独任审判的案件。即依法可能被判处三年以下有期徒刑、拘役、管制、单处罚金,事实清楚、证据充分的公诉案件。

(3)普通刑事案件。即被告人触犯刑律,且不适用简易程序的公诉案件。

2. 治安案件直接由治安法庭审理①,适用简易程序的案件交由刑庭指派一名审判员独任审理,而普通刑事案件则交由刑庭指派合议庭审理。

如治安法庭发现其预审的案件,依审级不应由其所在法院审理,则应在向提起公诉的检察机关说明情况后将案卷退回检察机关,由检察机关向有管辖权的法院提起公诉,或经检察机关同意,由治安法庭直接将案卷移送有管辖权的法院。

第三节 建立治安法庭的进路

一 如何建立我国的治安法庭制度

我国可不单独设立治安法院,在现有四级法院体制内设立治安法庭。

(一)治安法庭应当设立在各基层人民法院和中级人民法院

---

① 治安案件和劳动教养案件由治安法庭审理,公诉可由公安机关进行,具体办法和程序后文详述。

内，和刑庭、民庭、行政庭一样，是法院的一个审判业务部门。

（二）所有可能被处以行政拘留的案件均交基层法院治安法庭审理。对治安案件一般实行一审终审，当事人对一审结果不服的，也可向上一级法院的治安法庭提出上诉。

（三）基层法院和中级法院的治安法庭有权对同级侦查机关、检察机关的诉前程序违法问题①代表本院进行司法审查②，司法审查实行两审终审，可上诉。由基层法院治安法庭对侦查机关、检察机关的诉前程序违法问题负责一审的，当事人对处理结果不服的有权向中级法院治安法庭上诉。由中级法院治安法庭负责一审的，当事人对处理结果不服的，可向高级法院上诉，由高级法院指派审判员独任审理或合议庭合议审理（高级法院可不设治安法庭，故采用此临时性）。

（四）基层法院和中级法院的治安法庭有权对同级检察机关移送的第一审刑事案件代表本院进行预审，决定是否受理。高级法院指派审判员独任或合议庭对同级检察机关移送的第一审刑事案件代表本院进行预审（原因同上）。

二　治安法庭的办案程序

（一）审理治安案件的程序

治安法庭审理治安案件，除涉及国家秘密、个人隐私和青少年违法的案件，一律公开进行。被告人应当出庭，被告人经传唤而拒不到庭的，法庭可以签发拘传令，拘传被告人到庭。

1. 审理治安案件的简易程序：

（1）法庭传唤被告人到庭，核对姓名、身份；（2）向被告

---

① 诉前程序违法问题是指在狭义的诉讼（即审判）之前，在侦查和审查起诉阶段出现的程序违法问题

② 法院自身的程序违法问题审查则由上一级法院刑庭、民庭等审判部门指派合议庭在二审时对下级法院审判过程中的程序违法问题进行审查、纠正。

人说明控告的内容,并询问被告人作何种答辩;(3)如果被告人作有违法行为答辩,即承认所控之违法行为,则法庭不再听证,可径行判决;(4)如果被告人作无违法行为答辩,即否认实施了所控之违法行为,法庭应当采用普通程序审理。

2. 审理治安案件的普通程序:

(1)治安法庭法官询问被告人是否收到公安机关的治安案件起诉书。如未收到,由治安法庭书记员当庭宣读治安案件起诉书①;(2)针对公安机关起诉书,被告人进行陈述;(3)治安法庭法官讯问被告人;(4)公安机关证人作证,治安法庭法官询问证人,被告人及其辩护人经法庭允许可询问证人;(5)被告方证人作证,治安法庭法官询问证人,被告人及其辩护人经法庭允许可询问证人;(6)被告人及其辩护人发表辩护意见;(7)被告人最后陈述;(8)听证以后,治安法官进行评议。

一方面,审理治安案件的程序要着力于高效快捷,以解决大量的治安案件。另一方面,审理治安案件的程序要着力于公平,赋予被告人辩护权和上诉权,以与治安拘留剥夺人身自由的严厉程度相适应。

(二)预审的程序

预审包括案卷审查和审前会议两个阶段。

1. 案卷审查前检察机关应当移送起诉书和全部案卷材料。包括诉讼文书、技术性鉴定材料和证据等指控犯罪事实的材料。由治安法庭进行形式审和实体审。因前文已有所论述,故在此不作赘述。

2. 审前会议是需要建立的一项与治安法庭相配套的制度,

---

① 治安案件和劳动教养案件的公诉可由公安机关法制部门进行,也可由公安机关另设单独部门负责治安案件和劳动教养案件的公诉。治安案件公安机关一般可不出庭公诉,但劳动教养案件必须出庭公诉。

在这里着重介绍它的内容和程序：

（1）在审前会议前，控辩双方应以书面形式提出本方的预审意见。预审意见应包括以下内容：控辩双方的诉讼请求，控辩双方的主要控诉理由和主要辩护理由，控辩双方将要证明的事实，在正式审理程序中将要出示的证据，是否建议适用简易程序等。辩护方的预审意见还应包括控辩双方存在分歧的主要问题[①]，辩护方还可提出羁押超期、管辖错误等异议。

（2）控辩双方，特别是辩护方，可以提出变更强制措施（如取保候审）的申请，由治安法庭根据案件性质和被告人情况酌情决定。

（3）控辩双方应当提出各自主张的诉争要点，法庭据此整理和明确诉争要点。

（4）控辩双方，特别是辩护方，可以提出己方的诉前证据保全申请，法庭审查后，如果认为情况紧急而必要时，可决定对该证据进行诉前保全。

（5）控辩双方，特别是辩护方，可以对己方因客观条件无法调取的证据，提出证据调取申请。治安法庭审查同意后，应当依职权调取该证据。

（6）法庭应组织控辩双方进行证据展示。即控辩双方，特别是控方，应当将己方的控诉证据和辩护证据无保留地向对方出示；且在证据展示中未出示的证据，在将来的正式审判程序中一般也不得出示。

（7）控辩双方，特别是辩护方，针对证据展示中控诉方展示的证据，可以提出己方的非法证据排除申请，辩护方应当举出该证据非法和应当排除的理由。法庭审查后如认为可能存在证据非法取得的情况，应当进行调查。如情况属实，则应裁定

---

① 宋英辉、陈永生：《刑事案件庭前审查及准备程序研究》中亦有类似论述，对本书作者颇有启发。

排除该非法证据,并决定追究责任人的相关责任。

(8)其他需解决的问题。

3. 治安法庭在进行案卷审查和召开审前会议过程中,可以要求控辩双方,特别是控方,补充有关材料或者对某些问题做出解释。必要时法庭还可通知有关证人出庭作证,并有权进行必要的庭外调查。

在此基础上,治安法庭应针对下述问题做出决定:是否应当将案件交付审判,是否应当继续羁押被告人,是否需要采取保全证据的措施,是否需要调取和增加某些证据,是否需要进一步展示证据,是否需要排除某些证据,是否可以适用简易程序,法庭审判的日期及日程安排,证人出庭及出示物证方面的安排,确定移送起诉的法院等。

三 小结

目前,在我国的司法职权配置确实存在着一定问题。这种问题表现为法院本应具有的广泛的司法职权被人为地分割缩小。某些司法职权,如上文所提到的四项职权①被具有行政性质的公安机关、检察机关所行使,从司法职权配置与运行上造成了司法职权行政化。这种司法职权配置形成的初衷可能是为了保障诉讼效率,加强对刑事犯罪的追诉力度,确保国家对司法系统的监督、控制。但在实践中却会出现司法职权行政化,公权力膨胀泛滥,检控机关监督缺乏;诉讼过程中当事人及其他诉讼参与人救济手段缺乏,公民人身权、财产权保障缺乏。这些问题,与我国人民民主国家的性质是不相称的,与社会主义民主和法制是不相称的,与社会进步和现代文明是不相称的,与

---

① 四项职权,一是负责审理尚不构成犯罪的违法行为,二是负责审查和决定刑事诉讼中的程序问题,进行司法监督,三是对强制措施及限制公民人身权和财产权的强制性措施进行决定或批准,四是负责诉前预审。

当代世界的大趋势大环境是不相称的。

社会主义民主要求我们进行司法职权的重新配置，社会主义法制要求我们进行司法职权的重新配置，公民的权利保障要求我们进行司法职权的重新配置，人类文明的趋同性也要求我们进行司法职权的重新配置。

因此，我们主张引进治安法庭制度，并将其中国化，借此调整不合理的司法职权配置，扩大或恢复法院应当配置的司法职权。改变司法职权行政化的局面，加强公民人身权、财产权保障，限制公权力膨胀滥用，完善当事人及其他诉讼参与人的救济手段或救济制度。本书所述的这种司法职权配置改革要求宪法和刑事程序法两个层次的改革，无法一蹴而就，但这种发展趋势是不可避免的。逐步的渐进的司法职权配置改革会持续进行，直到我国的司法体系与社会主义民主与法制相适应，与现代国家公民权利保障相适应。

以建立治安法庭为手段的司法职权重新配置将会是我国司法文明的一次里程碑式的进步。

第七章

中国的刑事错案救济和法律监督

刑事错案是刑事司法的副产品,是人类社会的毒瘤,任何国家的刑事司法都不可能完全避免刑事错案,世界各国无不从各自角度找寻预防、阻断和纠正刑事错案的方法。刑事诉讼法的根本目的在于依法和正确地追诉刑事犯罪,这一方面要求诉讼活动依法进行,一方面要求避免出现错案。由司法机关或准司法机关实施对侦查行为的法律监督是世界各国普遍的做法,其目标正是为倒逼侦查质量提高,进而提高审判质量,避免冤假错案的产生。在现行司法职权配置的体制下,我国检察机关被视为司法机关,拥有宪法赋予的法律监督权和司法审查权,应当借鉴域外经验,扮演好司法审查主体的角色,对立案行为、侦查行为和执行行为实施法律监督,为建设社会主义法治社会发挥应有的作用。

第一节 中国的刑事错案救济

在很长一段时间里,中国的刑事错案发现主要依赖于亡者归来和真凶再现。所谓亡者归来是指被认为已经遇害的被害人,再次活着出现,致使原犯罪不复存在而使错案被发现。真凶再现则是在其他犯罪的追诉中,其他犯罪人承认实施了犯罪行为;或者通过新的技术手段重新发现了真正的犯罪人,从而使错案被发现。

一 中国刑事错案的纠正和救济

中国刑事司法人员对错案的理解可能和法治发达国家存在很大的不同，在普通中国人眼中，错案等同于冤案，即被告人没有实施某一犯罪，却被冤枉实施了该犯罪，这种冤案往往与刑讯逼供、屈打成招相联系，一般都会伴随着司法工作人员的枉法裁判和出入人罪。佘祥林、赵作海、杜培武、聂树斌、张氏叔侄案的纠正或者缘于"亡者归来"或者缘于"真凶再现"，于大众而言，都是无可争议的错案——因为它们都是冤案。佘祥林案和赵作海案都是杀人案件的被害人活着重新出现，这样的案件是典型的冤案，无论对普通公众还是对法学专家而言，也都显然是错案。杜培武、聂树斌、张氏叔侄案则是在其他案件的追诉中发现了真正的犯罪人，这样的案件也是典型的冤案，对普通公众而言，也是能够认可接受的错案。

但是，还有一类错案，从社会心理上能否被中国公众接受为错案则是有争议的。这类错案不属于前面所说的冤案，既不是不存在犯罪事实，也不是被告人没有实施犯罪行为，只是因为现有证据无法证明被告人实施了犯罪行为，无法达到"事实清楚，证据确实充分，排除合理怀疑"的证明标准，根据疑罪从无的原则，本应当依法宣告无罪，但却依然在证据不足的情况下宣告有罪并科处刑罚的案件。这样的案件由于证据不足，在司法证明时没有达到法定的证明标准，所以不应当对被告人宣告有罪，因此应当被定义为错案，并且应当加以纠正。这对法学家而言是当然的错案，但对中国的普通公众甚至很多法官、检察官而言，却并非如此，并不是所有人都将其视为错案。疑罪从无原则在世界各法治发达国家早已确立，但在我国却迟至1996年刑事诉讼法修改时才予以明确，至今不过22年。不但普通公众，就连很多法官、检察官都不认为证据不足达不到证明标准而做出的有罪判决属于错案。因此，对这部分错案是否应当纠正实际上是存在争议的，故而这类错案的救济和纠正步履维艰。

中国在1982年和1987年曾实施了两次严打，这两次严打一直受到法学界的批评。严打中的不少案件，达不到中国刑事诉讼法"事实清楚，证据确实充分"的定罪标准，按照疑罪从无的原则本应当宣告无罪，却被宣告有罪并予以处罚。这些案件作为错案本应加以纠正，但是我国的司法机关能否纠正这种带有时代特征的错案却是一个复杂而微妙的问题。如果严格依照"事实清楚，证据确实充分"的证明标准重新审查，按照疑罪从无的标准恐怕大量的案件可能被视为错案，需要纠正。不过这样显然会使公众感到震惊，并对我国的司法公信力产生怀疑。就法治发达国家而言，这种案件被视为错案是显而易见的，对这种错案的质疑可能会让法治发达国家的学者和法官感到惊讶，但这就是目前我国司法界对这一问题认识的现状。因此，如何纠正这种类型的错案是中国司法机关真正需要面对的问题。笔者将收集到的典型错案分为两类：第一类是前文所述的冤案，这种冤案要么是没有犯罪的事实存在，要么是被告人没有实施犯罪行为，可以将其称为无争议的错案。第二类是证据不足无法达到法定证明标准却没有依照疑罪从无原则宣告无罪的错案，可以将其称为有争议的错案。笔者认为，无论是哪种类型的错案，无论纠正的阻力有多大，错案就是错案，不应该将错就错，即使现在无法纠正，假以时日，经过我们的努力，也终有平反昭雪的那一天。

错案还可以依纠正程序加以分类。在中国，典型的错案纠正是依审判监督程序（申诉再审程序）对错案加以纠正，前文所述的第一类错案和第二类错案都是依审判监督程序纠正的错案。另一种错案纠正则是依发回重审程序对错案的纠正。发回重审制度是中国法中的特色制度,是指第二审人民法院认为第一审判决事实不清楚或者证据不足,通过裁定的方式,撤销原判,发回第一审人民法院重新审判。发回重审属于正常的审判程序而不属于申诉再审程序。国外的"发回重审"程序往往只是对程序问题和法律问题进行审查,极少对事实部分重新审查认定。而我国的发回重审制度,不仅可以对程序问题和法律问题进行审查,还可以就事实问题进行审查,甚至重新认定。近年来确实有不少证据不足达不到定罪标准却宣告有罪并科处刑罚的错案是通过发回重审程序加以纠正的。我们国家的这种发回重审在对事实进行重新审查认定时实际上相当于国外的申诉再审程序。因此,中国的发回重审制度实际上可以理解为对错案的另一种纠正方式。如果说第一类错案和第二类错案都是依照审判监督程序进行的事后救济,那么依照发回重审程序纠正错案,则是对正在产生的错案进行的事中或事前救济,或者说在判决生效前对错案产生的阻断或预防。通过发回重审程序阻断或预防的错案,主要是根据疑罪从无原则改判无罪的案件。笔者将此类错案作为错案的一种,置于第三类。

依照前文所述的三类错案,我们选取了六个典型案例,对近年来中国错案的纠正和救济情况进行阐述和分析。

二 再审程序纠正的无争议错案

1. 聂树斌案[①]

2016年12月2日,最高人民法院第二巡回法庭对原审被告

[①] 参见聂树斌故意杀人、强奸妇女再审刑事判决书,中国裁判文书网,http://wenshu.court.gov.cn/content/content? DocID = be797f7b - a830 - 45c3 - 9a2c - 994295578be5&KeyWord = %E6%97%A0%E7%BD%AA,最后访问时间2018年3月1日。

人聂树斌故意杀人、强奸妇女再审案公开宣判，宣告撤销原审判决，改判聂树斌无罪。

1994年8月10日上午，康某某父亲康孟东向公安机关报案称其女儿失踪。同日下午，康孟东和康某某同事余秀琴等人，在石家庄市郊区孔寨村西玉米地边发现被杂草掩埋的康某某连衣裙和内裤。8月11日11时30分许，康某某尸体在孔寨村西玉米地里被发现。经公安机关侦查，认定康某某系被聂树斌强奸杀害。

河北省石家庄市人民检察院以故意杀人罪、强奸妇女罪对原审被告人聂树斌提起公诉，石家庄市中级人民法院于1995年3月15日作出（1995）石刑初字第53号刑事附带民事判决，以故意杀人罪判处聂树斌死刑，以强奸妇女罪判处聂树斌死刑，决定执行死刑。聂树斌不服一审判决，提出上诉。1995年4月25日，河北省高级人民法院作出（1995）冀刑一终字第129号刑事附带民事判决，维持对聂树斌犯故意杀人罪的定罪量刑，撤销对聂树斌犯强奸妇女罪的量刑，改判有期徒刑十五年，决定执行死刑，并根据最高人民法院授权高级人民法院核准部分死刑案件的规定核准聂树斌死刑。1995年4月27日，聂树斌被执行死刑。

2005年1月17日，另案被告人王书金自认系聂树斌案真凶。此事经媒体报道后，引发社会关注。自2007年5月起，聂树斌母亲张焕枝、父亲聂学生、姐姐聂淑惠向河北省高级人民法院和多个部门提出申诉，认为聂树斌不是凶手，要求改判无罪。2014年12月4日，根据河北省高级人民法院请求，最高人民法院指令山东省高级人民法院复查本案。山东省高级人民法院经复查认为，原审判决缺少能够锁定聂树斌作案的客观证据，被告人作案时间、作案工具、被害人死因等存在重大疑问，据以定罪量刑的证据不确实、不充分，不能排除他人作案的可能性，建议最高人民法院重新审判该案。

最高人民法院鉴于原审被告人聂树斌已经被执行死刑，根据刑事诉讼法和有关司法解释规定，决定对本案不开庭审理，并依法作出上述判决。判决主要理由是：原判认定聂树斌犯故意杀人罪、强奸妇女罪的主要依据是聂树斌的有罪供述与在案其他证据印证一致。但是，综观全案，本案缺乏能够锁定原审被告人聂树斌作案的客观证据，聂树斌作案时间不能确认，作案工具花上衣来源不能确认，被害人死亡时间和死亡原因不能确认；聂树斌被抓获之后前5天讯问笔录缺失，案发之后前50天内多名重要证人询问笔录缺失，重要原始书证考勤表缺失；聂树斌有罪供述的真实性、合法性存疑，有罪供述与在卷其他证据供证一致的真实性、可靠性存疑，是否另有他人作案存疑；原判据以定案的证据没有形成完整锁链，没有达到证据确实、充分的证明标准，也没有达到基本事实清楚、基本证据确凿的定罪要求。

2. 张辉、张高平强奸致死案①

张辉、张高平系叔侄关系，因涉及2003年发生在杭州的一起强奸致死案，分别被判死刑、缓期二年执行和有期徒刑十五年。2013年3月26日，浙江省高级人民法院依法对张辉、张高平强奸再审案公开宣判，撤销原审判决，宣告张辉、张高平无罪。

2003年5月19号杭州市公安局西湖区分局接到报案，在杭州市西湖区一水沟里发现一具女尸，而这名女尸正是5月18号搭乘张辉和张高平便车的女子王某。公安机关初步认定是当晚开车搭载被害人的张辉和张高平所为。

后在公安侦查审讯中，张高平与张辉交代，当晚在货车驾

---

① 张高平申请赔偿决定书，中国裁判文书网，http://wenshu.court.gov.cn/content/content? DocID = 7958b104 - 1ae4 - 4678 - a316 - dea30d6a81ce&KeyWord = %E5%BC%A0%E9%AB%98%E5%B9%B3，最后访问时间2018年3月1日。

驶座上对王某实施强奸致其死亡,并在路边抛尸。2004年4月21日,杭州市中级人民法院以强奸罪判处张辉死刑,张高平无期徒刑。半年后,2004年10月19日,浙江省高院终审改判张辉死缓、张高平有期徒刑15年。

此后,狱中的张高平、张辉均坚称自己无罪。张高平称,杭州另一起杀人强奸案中的凶手勾海峰系此案嫌疑人。而张辉称,曾在狱中遭遇牢头狱霸袁连芳的暴力取证。

张高平虽然因为种种原因"交代"了,但是,在服刑期间,即便是有减刑的机会,他也坚持不认罪、不减刑,坚持自己是清白的。

在监狱中,张高平发现了自己案件的若干疑点,经过他本人及家属的申诉,2012年2月27日,浙江省高级人民法院对该案立案复查。2013年3月26日的公开宣判认为,有新的证据证明,本案不能排除系他人作案的可能。最终认定宣告张辉、张高平无罪。

杭州市公安局将"5·19"案被害人王某指甲内提取的DNA材料与警方的数据库比对,发现了令人震惊的结果:该DNA分型与2005年即被执行死刑的罪犯勾海峰高度吻合。

张高平叔侄走出监狱的第二天,浙江省高院回应称,该案侦查机关违法使用狱侦耳目袁连芳采用暴力、威胁等方法参与案件侦查,获取张辉有罪供述,同时又以袁连芳的证言作为证据,直接导致了这起冤案。并称根据DNA物证,不能排除勾海峰作案的可能。[①]

2005年,张高平被押至新疆石河子监狱服刑,当时,张飚是石河子市检察院驻监所的检察官。张飚调阅了相关档案材料,

---

① 以强奸致死案服刑近十载的张辉、张高平再审宣判无罪,央视网,http://news.cntv.cn/2013/03/26/ARTI1364275212601436.shtml,最后访问时间2018年3月1日。

发现张高平案关键证据有重大缺陷、案情细节存在疑点、判决难以成立,很可能是一起错案。为了彻底搞清案件,张飚多次向有关单位发函查找关键证人、调取关键证据,先后 5 次将张高平的申诉材料、询问笔录和案件调查情况转交到浙江省司法机关。2010 年,退休前一个月,张飚又给浙江省检察院检察长写了一封信,详细汇报了张高平叔侄抢劫杀人案的案情和石河子市检察院对此案的看法。这封信引起了高度重视,司法机关启动了再审程序。2013 年 3 月 26 日,浙江省高级人民法院撤销该案原审判决,宣告张高平、张辉无罪。①

三 再审程序纠正的存争议错案

1. 念斌案②

念斌投毒案,2006 年 7 月 27 日夜,福建省平潭县澳前村 17 号两户居民家中多人出现中毒症状,其中两人经抢救无效死亡。警方经过侦查,很快确定是人为投入氟乙酸盐鼠药所致,认为其邻居念斌有重大作案嫌疑,念斌被逮捕,提起公诉。后该案历时 8 年 10 次开庭审判,念斌 4 次被判处死刑立即执行。2010 年 10 月最高法院以"事实不清、证据不足"发出不核准死刑的裁定书,并撤销原判发回福建省高院重审。2011 年 5 月 5 日,福建省高院也撤销了福州市中级法院对念斌的死刑判决,该案件发回福州中院重新审判。2011 年 9 月 7 日,该案在福州中院再次开庭审理,再次对念斌判处死刑,剥夺政治权利终身。

---

① "新疆退休检察官张飚推动浙江叔侄冤案再审获表彰",央视网,http://news.cntv.cn/2013/12/07/ARTI1386347258689576.shtml,最后访问时间 2018 年 3 月 1 日。

② 念斌申请再审无罪赔偿申诉审查决定书,中国裁判文书网,http://wenshu.court.gov.cn/content/content?DocID=5bfe8cee-aa0c-483b-a0d9-abc4ffc3880e&KeyWord=%E5%BF%B5%E6%96%8C%E7%94%B3%E8%AF%89,最后访问时间 2018 年 3 月 1 日。

2014年8月22日，福建高院作出终审判决：一、撤销福州市中级人民法院（2011）榕刑初字第104号刑事附带民事判决。二、上诉人念斌无罪。三、上诉人念斌不承担民事赔偿责任。

2014年9月，平潭县公安局却对念斌重新立案侦查。至11月，念斌两次因"犯罪嫌疑人"身份办理护照遭拒。他向福州市人民政府申请行政复议遭官方拒绝。2014年12月26日上午，念斌向福建省检察院提交控告书。①

念斌的辩护律师张燕生认为，平潭县公安虽然可以对2006年的投毒案重新立案，来追查真正的凶手。但在没有新的证据、新的事实的情况下，不能将念斌重新确定为嫌疑人，因为念斌已经被法院宣告了无罪。张燕生认为，鉴于平潭公安、福州公安此前在侦查念斌案中的表现，如果要重新启动案件的侦查，平潭公安、福州公安应该回避。

成都商报记者此前对当年念斌案的办案人员采访中，当年的办案人员坚持认为，尽管当时办案存在瑕疵，但念斌就是凶手，不能排除念斌作案的可能。②

2. 曾爱云案③

湘潭市人民检察院2004年17号起诉书指控曾爱云与陈华章犯故意杀人罪。指控称，2003年10月，曾爱云得知周玉衡将自己过去所谓"作风问题"告诉女友李霞、劝二人分手的消息后，心生不满，便与早因导师偏爱而心怀妒忌的陈华章，合

---

① "福建高院终审判决念斌投毒案"，中国法院网，https：//www.chinacourt.org/article/detail/2014/08/id/1426158.shtml，最后访问时间2018年3月1日。
② "念斌案办案警察：当年办案有瑕疵 但坚信他是凶手"，中国网，http：//www.china.com.cn/cppcc/2014-11/26/content_ 34154501.htm，最后访问时间2018年3月1日。
③ "湘潭大学硕士含冤入狱12年曾被警方逼供诱供"，人民网，http：//society.people.com.cn/n/2015/0810/c136657-27434257.html，最后访问时间2018年3月1日。

谋教训周玉衡。检方指控，2003年10月27日18时30分，陈华章在周玉衡的茶水里下了安定药。当天22时28分左右，曾爱云趁李霞接听电话时离开，独自来到308室，用棕绳将坐在椅子上昏昏欲睡的周玉衡勒死。事后，曾、陈二人共同转移了尸体，陈华章清扫了现场，并将周玉衡的手机卡取出，然后将该手机和作案的棕绳，藏匿于自己的电脑桌抽屉里，并把地上的血迹用抹布擦净。当天23时40分，陈华章用周玉衡的手机卡给曾爱云和李霞各发了一条内容相同的短信称："我退出，祝你们幸福。"

2004年9月1日，湘潭市中级人民法院一审以故意杀人罪，判处曾爱云死刑，陈华章无期徒刑。2005年8月1日，湖南省高院裁定，湘潭市中院一审判决认定曾爱云、陈华章犯故意杀人罪事实不清，发回重审。2005年12月，湘潭市中级人民法院再次审理曾爱云、陈华章故意杀人案，依旧判处曾爱云死刑，陈华章无期徒刑。2008年5月23日，湖南省高院在湘潭市开庭审理曾爱云、陈华章杀人案。但这次，湖南省高院的裁定，支持了湘潭市中院的一审死刑判决。此后，在死刑核准程序中，最高人民法院作出刑事裁定，撤销了湖南省高院的死刑判决，发回重审，理由是："本院认为第一审（湘潭市中院）判决、第二审（湖南省高院）裁定认定被告人曾爱云犯故意杀人罪的事实不清、证据不足。"案件又回到了湘潭。2009年5月，湘潭市中院第三次一审，再次认定曾爱云"伙同他人、并直接实施了杀人行为"，判决曾爱云死刑。2011年8月，湖南省高院作出第三次二审判决，以"（湘潭市中院一审）两次开庭中没有对定案证据进行举证、质证，程序违法"，裁定撤销一审判决，再次发回湘潭市重审。湘潭市中院此次重审认为，公诉机关指控被告人曾爱云杀害被害人周玉衡的证据中，曾爱云的有罪供述、陈华章指证曾爱云杀人的供述、证人李霞关于曾爱云是否有作案时间的证据的真实性,均存有疑问,不能采信。公诉机关指控的事实中,关于曾爱云的作案动机、是否与陈华章合谋、作案工具的来源及去向、有无作案时间等情节均无确实、充分的证据证明。故公诉机关指控被告人曾爱云犯故意杀人罪的事实不清、证据不足,指控的罪名不能成立。①

四 发回重审程序纠正的错案

1. 陈传钧案②

2015年8月17日上午,广东省高级人民法院认定,对陈传钧犯抢劫杀人罪的指控证据不足,本着疑罪从无的刑法精神,宣告陈传钧无罪。

14年前,2001年9月25日清晨6时许,东莞市一杂货店老板娘方清花正按一名顾客的要求取货,突然被人从背后袭击,失去知觉。随后歹徒进入卧室,用铁锤猛击熟睡中的店主方允祟的头部,和他两个分别为7个月、3岁的女儿,造成一死三重伤,其中二人九级伤残、一人六级伤残的惨剧。歹徒取走店主装有500元现金的钱包,之后逃离现场。2010年4月23日,陈传钧被缉拿归案。2011年12月19日,东莞市中级人民法院一审,以抢劫罪判处陈传钧死刑,剥夺政治权利终身,并处没收个人全部财产,赔偿被害人经济损失52万余元。陈传钧不服,以没有实施犯罪为由提出上诉。一宗历时近五年,经过二审、重审、再次二审的疑难审判就此展开。

"宁可错放 不可错判",负责此案的省高级人民法院刑四庭

---

① "一名研究生"杀人犯"的十年洗冤录",人民网,http://edu.people.com.cn/n/2015/0727/c1053-27364234-2.html,最后访问时间2018年3月1日。

② 陈传钧抢劫罪二审刑事附带民事判决书,中国裁判文书网,http://wenshu.court.gov.cn/website/wenshu/181107ANFZ0BXSK4/index.html?docId=deb419baa169442f9d5ef1ab2cbc56b6,最后访问时间2018年3月1日。

庭长郑岳龙认为,法院既有惩罚犯罪的职能,又有保障无辜的人不受追究的责任。"就本案来讲,用了近5年时间,经历一审法院判处被告人死刑立即执行,被告人上诉后二审法院以事实不清、证据不足为由撤销原判发回重审,一审法院重审判处被告人死刑缓期二年执行,被告人再上诉二审法院改判无罪的漫长过程,可见我们对该案多么慎重、认真、仔细,为查清事实,几乎穷尽了一切手段。"

郑岳龙说,面对本案被害人家破人亡的悲惨遭遇,与被告人悬于一线的人身自由,对一审判决权威性的维护,与二审有错必纠的程序使命,二审法院及审理法官确实经历了一次严峻考验和艰难选择。最后法院认定,本案目前无法通过证据体系还原客观事实、认定法律事实,在两难局面下,人民法院应恪守证据裁判规则,本着"疑罪从无"的刑法精神,"宁可错放,不可错判",宣告陈传钧无罪。

2. 任明芳案①

一起水电站沉尸案,让定西岷县农妇任明芳从2010年至2014年在看守所中度过了4年时光。4年后,甘肃省高级人民法院以"事实不清,证据不足",终审判决任明芳无罪。

定西中院原审判决认定,2007年,任明芳经他人介绍与妻子李明芳失踪的何彦通同居。2010年4月,因精神疾病走失四年的李明芳回到何彦通家中,任明芳便搬回自己家中。2010年8月18日晚,任明芳到李明芳家俩人发生争吵并相互厮打,任明芳持铁锨、打气筒在李的头部多次击打,致其倒地,为防止李喊叫又将一只袜子塞在李的嘴里。后将尸体用两个废旧皮带轮绑住,抛

---

① 任明芳故意杀人案二审刑事附带民事判决书,中国裁判文书网,http://wenshu.court.gov.cn/content/content?DocID = 8a9bf782 - cab5 - 43eb - b05f-0513011fbc00&KeyWord=%E6%97%A0E7%BD%AA,最后访问时间2018年3月1日。

至清水电站库区。9月3日，该尸体被电站民工发现。经法医鉴定，李明芳符合死后入水的特征，具体伤亡原因无法判断。

2011年5月18日，定西中院作出一审判决，以故意杀人罪判处任明芳死刑，缓期二年执行，剥夺政治权利终身并赔偿被害人亲属经济损失。任明芳提出上诉。经省高院二审认为事实不清，证据不足，裁定发回一审法院重新审理。一审法院重审后作出判决，仍判处被告人任明芳死缓，并赔偿被害人亲属经济损失。任明芳不服提出上诉。

2014年9月20日，省高院在对任明芳案审理后作出终审判决。法院认为原审判决认定任明芳犯故意杀人罪的事实，据以定案的证据主要是间接证据，欠缺直接的客观性证据。原判认定任明芳杀人的事实不清，证据不足，原公诉机关指控其所犯罪名不能成立。原审判决任明芳赔偿附带民事诉讼原告人经济损失无事实依据。依据《中华人民共和国刑事诉讼法》之规定，二审改判任明芳无罪，不承担附带民事赔偿责任。

小　结

以上笔者简单介绍了中国错案救济的六个案件，这些案件可以从不同侧面描述目前中国错案救济制度的现状。我国现行的错案救济制度与法治发达国家的错案救济制度相比，似乎还显得比较幼稚，但是这已经是自1979年新中国颁行刑事诉讼法以来取得的重大进步了。

如果排除发回重审程序中纠正的错案，只计算审判监督程序排除的错案，坦率地说我国每年纠正的错案数量并不太多，与每年庞大的刑事案件数量相比几乎可以忽略不计。也许这可以理解为中国刑事审判质量非常之高，以至于错案微乎其微；也可以理解为错案救济制度尚不成熟，相当一部分的错案没有能够发现和纠正。而且，在依审判监督程序纠正的错案中因亡者归来和真凶再现而发现和纠正的错案占有很大比例，真正通过错案被害人申请启动审判监督程序纠正的错案为数不多。近年来随着法院和检察院对错案救济的关注，通过错案被害人申请再审程序发现并纠正的错案数量逐年增加。目前，无论是前文所述的亡者归来，还是真凶再现，抑或是错案被害人通过审判监督程序自我救济的错案，都仅仅是以法院审判纠正的形式出现，并非通过重新侦查。也就是并不存以新的侦查机构或侦查人员对原刑事案件进行重新侦查，在重新侦查的基础上对错案进行救济的形式。

中国的刑事错案救济任重而道远，必须研究和借鉴法治发达国家的错案救济制度。有必要引入法治发达国家的先进模式，构建和完善中国的错案救济制度，当依疑罪从无纠正的错案成为中国错案纠正的主要构成时，中国的法治肯定会有更加长足的进步，司法公正和人权也会更有保障。

第二节　中国的法律监督[①]

一　审判中心主义大前提下的侦查行为规范问题

在 2012 年《刑事诉讼法》修改之后，特别是十八届四中全会提出"审判中心主义"以后，笔者对北京、哈尔滨、无锡、扬州、泰州、靖江和江阴等地的法院、检察院和公安局进行了调研，发现我国刑事诉讼目前存在一种独特的情况。由于部分侦查人员取证能力不高、取证程序违法、证据材料保存运输不当等原因，法院受理的很多案件的证据材料存在一定问题，证

[①] 本节内容得益于和杨正同志的合作，在此致谢。杨正，男，北京市通州区法院助理审判员。

据链条不完整，证明未达到"事实清楚、证据确实充分，排除合理怀疑"的要求。而基于现行法院的司法职权配置，无法对侦查机关的取证行为加以指挥或指导，只能被动地接受存在问题的证据材料。这就形成了一种让很多法官怨声载道的情况——不认定存在问题的证据材料被告人可能逍遥法外，认定存在问题的证据材料则违反刑事诉讼法的有关规定。

近年来个别政法干警滥用职权或玩忽职守损害公民人身权利的情况多次见诸报端，媒体接连曝光看守所羁押人员"躲猫猫死"、"冲凉死"、"喝开水死"、"做噩梦死"等意外死亡，一时间舆论哗然。同时，由于侦查机关刑讯逼供造成的佘祥林、赵作海、杜培武等一系列冤假错案的发现和平反，也让公众越来越关注侦查机关的刑讯逼供和暴力取证问题。前一阶段沸沸扬扬的雷洋案，也与前述问题一脉相承，引发了公众普遍的不安全感。

习近平总书记曾指出："政法战线要肩扛公正天平、手持正义之剑，以实际行动维护社会公平正义……决不允许执法犯法造成冤假错案……要靠制度来保障，在执法办案各个环节都设置隔离墙、通上高压线。"在笔者看来，上述讲话精神对于刑事诉讼提出了更高的要求，不仅强调从诉讼结果上保证公正司法，还强调从过程和程序上保障公正司法。在刑事诉讼中，侦查是审查起诉和审判的上游环节，也是目前出现问题较多的环节，规范侦查行为，特别是在审判中心主义的大前提下规范侦查行为，就成为了司法改革的应有之义。这既是审判中心主义诉讼制度改革的基础性工作，也是公正司法的必然要求。

二 通过司法审查和法律监督规范侦查行为的域外实践

随着司法改革的深入，我们国家遇到了如何规范侦查权、保障公民权利的问题，这一问题不仅是我们头痛的问题，而且也曾经是大陆法系国家和英美法系国家同样头痛的问题。为了解决这个棘手的问题，域外国家进行了有益的尝试。在法国，出于对司法权中立性的信赖而设立的两级预审法官制度将司法权从审判领域拓展到审前领域。预审法官拥有司法审查权，有权对强制措施签发令状，有权对审前阶段的侦查行为进行指挥和监督。德国虽然战后废除了两级预审法官制度，不再由预审法官对审前阶段的侦查行为进行指挥，但仍设立侦查法官行使预审法官的司法审查权和法律监督权。侦查法官同样拥有司法审查权，有权对强制措施签发令状，有权对审前阶段的侦查行为进行监督。与预审法官和侦查法官的司法审查权相配套，大陆法系国家普遍实行检警一体制度。检察官不仅对采取强制措施有决定权，对具体侦查行为的实施也享有决定权。上述两种制度相互呼应，将侦查权置于司法审查和法律监督之下，有力地保证了侦查行为的合法进行。英美法系国家虽无预审法官，但却具有长期的控辩平等传统。辩方拥有强大的诉权，这种诉权既可以与法官的审判权相抗衡，又可以相应地规制侦查权。同时，英美法系国家有与预审法官和侦查法官相似的治安法官和地方法官负责对侦查行为的合法性进行司法审查。基于上述两种制度，英美法系国家一样能够对侦查行为进行法律监督，实现对侦查权的规范和公民权利的保护。

通过两个法系制度的对比，可以看出无论大陆法系国家还是英美法系国家，都是通过司法审查和法律监督的方式来规范侦查行为，从而保障司法公正和公民权利。

三 检察机关应运用法律监督权规范侦查行为

目光转到我国，宪法赋予检察机关以法律监督权，现行法律体系中只有检察机关拥有在审前阶段对侦查机关侦查行为的法律监督权，如立案监督、审查批准逮捕、羁押必要性审查等。在目前不改变公检法三机关司法职权配置的情况下，只有充分发挥检察机关的法律监督权才能对侦查机关的侦查行为进行有效规范。

需要注意的是,"以审判为中心",是针对刑事司法实践中存在的过分看重案卷移送的侦查中心主义倾向提出来的,不是对法检公三机关的"分工负责、互相配合、互相制约"关系的否定,而是对其存在不足的弥补和完善。在"审判中心主义"的大前提下,检察工作面临着新的压力与挑战,但也为提高和发展检察工作提供了新的机遇。在这个大前提下,当前检察机关法律监督权的重点监督对象似乎不应是法院的审判行为,而应当是侦查机关的侦查行为。检察机关应该也可以运用好宪法赋予的法律监督权,在审判中心主义的司法改革中大有作为。应当考虑由检察机关承担域外预审法官和治安法官的角色,理直气壮地由检察机关在审前阶段和执行(审后)阶段,负责对立案行为、侦查行为和执行行为(特别是侦查行为)的司法审查和法律监督。应当赋予检察机关程序性惩戒权和实体性惩戒权,对无故不接受检察机关司法审查和法律监督的公安司法人员,检察机关应当有权进行程序性惩戒和实体性惩戒。程序性惩戒主要针对的是立案阶段、侦查阶段和执行阶段的违法立案行为、违法侦查行为和违法执行行为,惩戒手段可以包括宣告诉讼行为无效、撤销违法决定和非法证据排除。实体性惩戒方面,可以考虑规定检察机关有权对涉事侦查人员进行处罚或有权建议其上级机关对其进行处罚,处罚与该侦查人员考核升迁相联系。赋予检察机关程序性惩戒权和实体性惩戒权,可以为检察机关的司法审查提供配套制度,有利于将宪法赋予检察机关的法律监督权落到实处。

具体而言,笔者认为,与我国现行立法和实务相结合,检察机关应当有权力实施以下法律监督:

第一,检察机关应当有权力对刑事立案实施法律监督。其一，应拓宽立案监督范围。立案监督应当包括"应当立案而不立案""不应当立案而立案"以及"立案后没有法定理由撤案"三种违法情形。可以将消极立案的情形纳入监督范围，并将撤案纳入到立案监督之中，以解决公安机关不报不立、先侦后立、立而不侦、立后又撤、以罚代刑等问题。其二，应加强检察机关的知情权和惩戒权。完整的立案监督权应当包括对立案活动的知情权、调阅案件材料权、对违法立案或不立案的质询权、对违法立案或不立案的纠正权；同时，对无故不接受检察机关立案监督的侦查人员，检察机关应当拥有惩戒权。

第二，检察机关应当有权力参与侦查活动。本文卷首提到，由于部分侦查人员取证能力不高、取证程序违法、证据材料保存运输不当等原因，法院受理的很多案件的证据材料存在一定问题，证据链条不完整，证明未达到"事实清楚、证据确实充分，排除合理怀疑"的要求。域外多以检警合作或检警一体的形式，通过检察机关参与侦查、甚至指挥侦查，来解决这一问题。我国检察机关并没有权力对侦查机关的侦查活动进行指挥或指导，同时，法律对检察机关能否参与侦查也并未做出明确规定。笔者认为，应当以法律或司法解释的形式赋予检察机关参与侦查的权力。如规定公诉部门检察人员可以在刑事案件发生后列席侦查机关会议，在不干涉侦查机关办理案件的前提下，从未来法庭调查和法庭辩论的角度对取证手段和证据保全固定方式提出意见。

第三，检察机关应当有权力对刑讯逼供实施法律监督。其一，防止因刑讯逼供导致的冤假错案，必须依法审查判断证据，坚决排除非法证据。回顾内蒙古呼格吉勒图案、河南赵作海案等冤假错案的发生，都在证据审查中存在这样或那样的问题。检察机关应当督促侦查机关在讯问犯罪嫌疑人时录音录像，录音录像应当以电子文档形式随案卷移送，这对遏制刑讯逼供，避免冤假错案将会具有积极作用。其二，检察机关还应加强监所检察处工作，确保每个看守所的住所检察室都有专人常驻，并赋予住所检察官更大权力，要求其开展经常性巡查活动，及时受理对刑讯逼供的举报，以期尽早发现刑讯逼供并加以制止。

第四，检察机关应当有权力对被羁押犯罪嫌疑人、被告人处遇实施法律监督。其一，保障被羁押犯罪嫌疑人、被告人的生命健康权。首先，对管教干警的打骂、体罚以及冻、饿行为，要坚决查处。其次，配合监管部门重点打击牢头狱霸实施的侵害行为，特别是极个别管教干警指使牢头狱霸实施的侵害行为，构成犯罪的要依法追究相关人员的刑事责任。其二，保障被羁押犯罪嫌疑人、被告人的控告、申诉权和会见权，纠正相关违法行为。其三，保障被羁押犯罪嫌疑人、被告人的财产权，在必要时给予司法援助。在押人员被限制自由后，无论其合法的还是非法的财产都容易受到侵犯。检察机关作为法律监督机关，在判决作出前要维护在押人员的财产权，确保其合法财产不受侵犯或者能够归还本人，非法财产能够避免流失全部上缴国家。

第五，检察机关应当有权力对执行活动实施法律监督。其一，应当建立告知制度，刑罚执行机关收、管、押、放等重大执行活动，包括法院执行罚金、没收财产的执行活动，公安机关宣告缓刑考验期满不再执行原判刑罚的活动等，都应当书面告知检察机关，接受检察机关的审查监督。其二，服刑人员对执行机关的执行活动提出控告的或者检察机关发现有重大违法嫌疑的，检察机关有权实施法律监督。其三，检察机关要准确掌握适用减刑、假释及变更刑罚执行的实质条件，准确理解确有悔改表现、立功表现、不致再危害社会的标准，严格执行法律，遏制花钱买刑现象的发生。

推进以审判为中心的诉讼制度改革，应当立足现行司法职权配置，在充分考虑现实条件和发展趋势的基础上，找准改革的径路。审判中心主义的目标是为提高审判质量,避免冤假错案,倒逼侦查质量的提高,而并非缩小检察机关的权力,所以检察机关在审判中心主义的大前提下依然大有可为。检察机关应当运用好宪法赋予的法律监督权,扮演好域外预审法官和治安法官的角色,对立案行为、侦查行为和执行行为实施司法审查和法律监督,为建设社会主义法治社会进一步发挥重要作用。

第八章

刑事司法规律研究

　　刑事司法或者刑事诉讼中是否存在规律？存在哪些规律？这一问题的解决实际上离不开人类社会的一般性规律。我们可以跳出就事论事的孤立视角，从人类发展的宏观角度审视刑事司法，从人类行为的角度研究诉讼行为，从人类社会运行规律的角度分析刑事诉讼规律，这样才能有登高望远的视野，才能有高屋建瓴的阐释。

　　人类自数万年前进化为智人后，最主要的社会和行为规律似乎就是社会分工。这一规律是人类群体社会化程度不断提高和进步的标志。社会分工作为一条主线贯穿了旧石器时代和新石器时代，又在上古、中古和近古发挥了加速器的作用。任何人都无法否认人类在近代和现代社会所取得的巨大成就来源于社会分工的巨大影响。《社会分工论》是法国社会学家迪尔凯姆1893年的博士论文，是其社会分工理论奠基的开山之作。在文章的一开始作者显示出了他反对单一的功利主义思维的立场，迪尔凯姆指出：社会是多元的，是由种种相互矛盾的部分所组成的，因此要适应相互矛盾的种种需要，就必须有一种限定与平衡。他选取的题目是一个经济学的对象，但他却从其中找出了非经济的内核规律。这本书的中心思想就是，劳动分工并不是纯粹经济现象。同样的，刑事司法规律也不是纯粹法律现象，也同样可以找出非法律的内核。这个内核就是社会分工规律。在人类社会的发展过程中，社会分工起到了强有力的促进作用。

社会分工的影响及于人类社会的方方面面，自然也渗透于刑事司法领域。缘于社会分工的作用，人类在刑事司法领域发生了四次较大的变革，对人类的法制产生了深远的影响。故而，笔者认为，社会分工规律可以视为刑事司法中的一个重要规律，可以称为刑事司法中的社会分工规律。这一规律关乎刑事司法机关的社会分工，也就是刑事职能机关职权配置的分化和优化。

第一节　刑事职能机关职权配置的分化

一　行政权与司法权的分离

从《圣经》上我们可以读到所罗门王断案的故事，所罗门王既是以色列国的最高行政权威也是该国的最高司法官，通过他的伟大智慧，解决了两个妇人对孩童的争夺①。他的裁判就是终审裁决，具有最高的法律效力。在中国亦然，长期以来，县令作为县的行政长官，同时也是本县的司法长官，负责本县刑事案件的追诉和审判。随着社会分工的细化，司法权开始与行政权分离。在中世纪的欧洲，出现了专门的宗教裁判所，与之相对应，专门的世俗裁判机构也开始出现，这些裁判机构最终独立于行政机关。在中国，从皋陶治狱到夏商周三代，中央均有专门的司法官，其后秦汉设置廷尉，齐隋设立大理寺和刑部，中央层面的司法权与行政权基本分离。宋明以降，地方设

---

①　有两女来到所罗门王面前为了谁是婴儿的母亲而争吵。当所罗门建议他们把这个孩子用剑劈成两半时，一个女人说，她宁愿放弃这个孩子，也不愿看到他被杀死。所罗门宣布那个表现出怜悯之心的女人是婴儿真正的母亲，并把婴儿还给了她。参见《圣经·列王记上》，转引自刘强《所罗门王"智断亲子案"的多种解释》，中国法院网，https://www.chinacourt.org/article/detail/2018/07/id/3424647.shtml，最后一次访问时间2018年3月1日。

立提刑按察使司，地方的司法权与行政权的分离也在不断深化。

二　审判权与控诉权的分离

审判权与控诉权的分离，简称控审分离，是刑事司法史上的又一次巨大进步。控审分离肇始于法国大革命，波旁王朝的黑狱式司法让法国人民饱尝白色恐怖之苦。所以，一旦革命成功，法国人民立即着手修改刑事诉讼法。在拿破仑时期颁行的《法兰西刑事诉讼法》，就明确反映了控审分离原则。比如，在法院之内设立单独的检察官职位，由检察官行使对被告人的控诉权，法官不再行使对被告人的控诉权，其权限仅仅局限于对案件的审判。而且所有案件必须也只能由检察官提起，法官无法主动提起诉讼或开启审判，只能在检察官提起公诉后被动地开启审判。法国刑事诉讼法开启了一个新的时代，自他之后，欧洲各国纷纷效仿，控审分离在欧洲大陆逐渐成为潮流。中国的控审分离形成较晚，清末颁行的《法院编制法》规定在各级审判衙门内设立检察官，由检察官负责刑事案件的公诉，法官不再行使追诉职能，其权力仅限于审判。我国控审分离原则的确立虽晚，但是清末民国的立法和实践为其奠定了良好的基础，新中国成立后更是实质性地推进了这一原则的实现。

三　警检法三职能机关的分立

司法权在同行政权分离的过程中，刑事诉讼程序逐步成熟，刑事诉讼中的职能机关逐步分立为法、警、检三机关。

（一）法官和警察

无论是东方还是西方世界，法官和警察这两个履行审判职能和侦查职能的主体，在上千年的时间里一直是刑事诉讼中的主角。读过《水浒传》的人都知道武松武都头和雷横雷都头，其实质就是捕头。在县衙之中，虽然司法职能主体并没有严格区分为审判主体和侦查主体,但都会设立"捕头"一职,管理三班衙役捕快。在兵刑合一的体制下,"捕头"及其管辖衙役捕快不但要负责本县的治安,还要负责刑事案件的侦查,而县令更多的时候则倾向于审判权的使用。

在英美法系,英国最早出现了近现代意义上的警察,他们开始时被称为"bow street runners"。在审判主体和侦查主体逐步分立后,在一段时间内并不能区分哪个为主哪个为辅,有点类似于我国刑事诉讼原则所描绘的"分工负责,互相配合,互相制约"。这一状态一直持续到13世纪英国《自由大宪章》的颁布,《自由大宪章》确立了"令状主义"原则,规定警察机关实施逮捕和搜查措施前,需要获得法官的令状。自此,审判权开始凌驾于侦查权之上,对侦查权实施监督。

在大陆法系,司法机关取得对警察机关的优势地位则要再晚一些。法国作为大陆法系的代表国家,是封建集权的大王国,甚至直到大革命之前依然实行"黑狱式"的侦查,即无节制无监督的侦查。直到法国大革命之后,预审法官制度的建立才使得侦查行为置于司法机关的监督之下。

再回过头来看我国,近现代意义上的警察出现得很晚。直到清末民初,袁世凯才建立了中国最早的近现代警察机关。但由于后发优势,民国在立法时引入了欧美的令状制度,从某种程度上确立了司法机关对警察机关的监督地位。我国台湾地区一直实践着这样的立法,从对陈水扁的一系列追诉行为中,我们似乎可以管中窥豹。新中国成立后废除了六法全书,在1979年颁布的《刑事诉讼法》中,确立了公检法三机关"分工负责,互相配合,互相制约"的原则。审判机关无权对公安机关实施监督,检察机关被赋予了对公安机关某些侦查行为的监督权。在新中国成立后的司法实践中,"侦查中心主义"一直是我国刑事诉讼的典型特征,公安机关的权力和地位均高于法院。

十八届四中全会以后，中央提出"推进以审判为中心的诉讼制度改革"的目标，力图提升审判机关在刑事诉讼中的核心地位，堪称我国社会主义民主和法治的重要进步。不过，在可预见的未来，审判主体对侦查主体的监督，可能依然会由检察机关代为行使。

（二）检察官

检察官或公诉人，检察机关或公诉机关，其出现时间要晚于法官和警察。独立的检察官的出现，源于法国大革命，革命中的法国人第一次在法院设置了独立的检察官，拿破仑战争后欧洲大陆各国群起效尤。

在大陆法系国家，检察官拥有强大的权力，不但可以指导或指挥警察，甚至取代警察行使侦查权。检察官制度建立后，检警一体制度随后出现，大陆法系各国普遍将对警察的指导甚至指挥权赋予检察官，并从法律上将侦查权赋予检察机关，警察机关反而成了辅助机关。如果必须对大陆法系国家职权机关的权力和地位进行排序的话，可以认为检察官强于警察，但弱于法官。

在英国一直没有专门的公诉机关，所谓的公诉人，就是警察机关雇用的律师。近几十年来，才设立专门的检控官。美国的检察官制度要早于英国，也更加正规化和体系化。但无论是英国还是美国的检察官，其权力都无法与大陆法系的检察官相提并论。在英国，检控官的地位既无法与法官相比，也无法与警察机关相比。在美国，检察机关能够与警察机关势均力敌，但无法与审判机关相匹敌。

在我国，检察官制度出现于清末修律，在民国时期得到发展，在新中国趋于成熟。我国的检察机关不仅拥有公诉权，还被赋予了法律监督权。一方面，检察机关是侦查机关某些侦查行为的司法审查机关；另一方面，检察机关甚至是审判机关某些审判行为的法律监督机关。因此，在我国，公检法三机关的权力和地位不相上下，审判机关并不当然地居于检察机关和公安机关之上。

第二节 刑事职能机关职权配置的优化

笔者在前文指出，就审判者与其他职能部门而言，人类刑事司法史经历了行政权与司法权的分离，以及审判权与控诉权的分离，警检法等职能部门的分立以及审判权的扩张四个阶段。刑事诉讼领域的第四次变革，其标志就是审判者权力的扩张（以下简称审判权的扩张）。那么审判权为什么要扩张？审判权扩张的领域涉及哪些呢？

一 令状主义原则的确立——英国的实践

侦查权等权力的滥用和专横，促使侦查监督的出现，法治发达国家一般选择审判者（以司法审查的形式）对侦查机关进行监督，这在客观上促进了审判者权力的扩张。

刑事诉讼法被称为小宪法，在宪政领域可能出现的问题在刑事诉讼领域都可能会出现，最相似的就是国家行政性质公权力的滥用问题。侦查权和公诉权，在很多国家被归为行政权。侦查、起诉行为，实际上是运用行政性质公权力对犯罪嫌疑人、被告人发起的一场惩罚犯罪、维护社会秩序的行动。我国对侦查权性质的界定并不明确，并未严格地将侦查权界定为行政性质公权力，即便众多学者认为侦查权的性质属于行政性质公权力，也并不一定都认为侦查机关实施的侦查行为均属于行政行为。检察机关更被我国宪法界定为司法机关，其审查起诉行为和公诉行为更难以认定为行政行为。

在法治发达国家长期的司法实践中，人们发现，侦控权力固有的行政权性质使其容易滥用。侦检权力的行政专横,远比司法专横更为可怕。刑事诉讼领域的国家公权力滥用,和宪政领域的国家公权力滥用一样,也体现为行政性质公权力的滥用。对公民宪法基本权利和诉讼权利的侵犯往往发生在审前阶段的侦检程序之中。拥有侦检权力的公权力机关与处于被追诉地位的犯罪嫌疑人之间是对抗关系,因此侦检机关很容易利用国家公权力迫使犯罪嫌疑人承认其罪行,甚至不惜违反程序法的规定达到其追诉目的,对侵犯犯罪嫌疑人的宪法基本权利和诉讼权利往往也是无所顾忌。而犯罪嫌疑人对侦检机关的侵权行为往往无还手之力,甚至鸣冤叫屈都无人理睬。在几千年的时间里犯罪嫌疑人一直是刑事诉讼中的客体,其正当的诉讼权利被肆意侵犯。

在中世纪开始后的上千年时间里,刑事诉讼为行政性质公权力所操纵,或者说为国家行政当局所操纵,审前阶段行政性质公权力的滥用造成审判本身在很多时候只是一种形式、一个过场、一种镇压的仪式。此时的司法审判,程序正义难以寻觅,实体正义能有多少也令人怀疑。也是在这个时期,为了解决审前程序中侦检权力的滥用问题,仁人志士们进行了不懈的探索。1215年,经过贵族和市民的共同努力,英国颁布《自由大宪章》,规定不经贵族法庭审判或颁发令状,不得剥夺任何人的自由,令状主义原则由此产生。令状主义原则可能是人们尝试对侦检权进行控制的最初探索,它实际是现代事前司法审查制度的雏形。令状主义原则要求侦检机关在采取限制和剥夺公民人身自由的强制性侦查行为前必须首先要获得法官颁发的司法令状。而法官在颁发令状前自然会对侦检机关强制性侦查行为的合法性进行审查[1],由于这种审查是由非行政性质的第三方

---

[1] 即对是否符合法定的或习惯的实施条件进行审查。

司法机关进行的，所以可以在很大程度上制约侦查专横，遏制行政性质公权力对公民人身权、财产权的肆意侵犯，也在客观上促进了审判者权力的扩张。

二 预审法官制度的建立——法国的实践

受到美国独立战争的影响，1789年法国大革命爆发，人们捣毁了封建司法象征的巴士底狱，同时也唾弃了纠问式诉讼和法定证据制度。在随后制定的具有近现代意义的法国刑事诉讼法中，针对行政性质侦检权专横的问题，确立了权力制衡原则，并以之为基础建立了极具特色的预审法官制度。美国虽然也意识到了刑事诉讼中行政性质侦检权专横的问题，但其受英国法影响，法官被动而超然，因此代表司法权的法官仅仅是通过令状对行政性质侦检权进行制衡，故而权力制衡在英美法中的表现只是司法权对行政权的简单制约。法国刑事诉讼法的理念更加大胆而激进，预审法官制度体现的是司法权对行政性质侦检权的指导甚至是指挥，而非简单的制约，权力制衡原则表现为司法权对行政权的全面监督。

法国预审实行两级制，分为初级预审和二级预审。在初级预审阶段，预审工作由（初级）预审法官主持，其职能是指挥侦查活动以及对侦查活动进行事前司法审查。二级预审法官具有的职能有：对羁押的合法性进行审查，包括对初级预审法官做出的临时羁押裁定进行审查；另外，二级预审法官具有确定管辖的权力。法国的预审法官制度，其实质是由代表司法权的法官直接指挥侦查活动，领导检察官和警察的工作。预审法官制度实际上是司法权的扩张，司法权由此堂而皇之地从审判阶段扩张到审前阶段。司法权在刑事诉讼中的扩张是近现代刑事诉讼的一个重要特点，将司法权从审判阶段扩张到审前阶段，从实体法事实裁判领域扩张到程序法事实裁判领域是司法权扩张的总体趋势。英美法系国家通过令状主义和后来的（事后）司法审查制度完成了这种扩张，而法国则是通过预审法官制度完成了这种扩张。法国司法权扩张得更加猛烈，完全控制了审前阶段，使刑事诉讼几乎在各个阶段和各个层面上都实现了司法化和诉讼化。

法国和美国的差异主要源于法国人民对封建时代的侦查专横比美国人民有更深刻更持久的切肤之痛。法国人民对行政性质的侦检权力和侦检机关似乎已经失去了信任，他们认为只有中立的司法机关才能公正的对待公民，只有中立的司法机关才能在刑事诉讼中依照法律而不是政府意志追究犯罪嫌疑人的责任，也只有中立的司法机关才能保障公民免受无端追诉和羁押之苦。美国作家房龙这样描述欧洲中世纪刑事追诉的专横："在整整五个多世纪里，世界各地成千上万与世无争的平民仅仅由于多嘴的邻居道听途说而半夜三更被人从床上拖起来，在污秽的地牢里关上几个月或几年，眼巴巴地等待既不知姓名又不知身份的法官的审判。没有人告诉他们罪名和指控的内容，也不准许他们知道证人是谁，不许与亲属联系，更不许请律师。如果他们一味坚持自己无罪，就会饱受折磨直至四肢都被打断。别的异教徒可以揭发控告他们，但要替他们说好话却是没有人听的。最后他们被处死时连遭到如此厄运的原因都不知道。"[①]这样的场景让法国人触目惊心，心有余悸。因为不确定共和政府是否一定比封建君主更讲道理，因此法国人非常明智地将刑事诉讼，特别是审前阶段刑事诉讼的主导权交给了司法机关。权力制衡理论使他们相信中立的司法机关可以成为刑事诉讼中公民人身权利和财产权利的保障者。在这种理念的支持下，法国裁判权完成了典型的扩张。这种裁判权的扩张影响了整个欧

[①] ［美］房龙：《宽容》，迮卫、靳翠微译，生活·读书·新知三联书店1985年版，第136页。

洲乃至整个世界的刑事诉讼结构。大陆法系另一个重要国家德国的刑事诉讼结构就深受法国影响。直到20世纪晚期，德国才废除了预审法官制度，由检察官直接指挥侦查，但仍然保留了预审法官制度的合理成分，如设置侦查法官，由侦查法官对侦查机关的诉讼行为进行司法审查，在审前阶段对侦查权进行监督。

三 现代司法审查的形式——美国的实践

司法审查是审判机关实施侦查监督的主要方式，也是审判者权力扩张的基础，审判者权力扩张的主要方向是审前阶段和程序法事实裁判和证明。

随着大陆法系和英美法系的基本形成，众多的诉讼理论和证明理论不断出现。其中，司法审查原则的正式形成意义比较重大。司法审查原则可以追溯到英国的令状制度和法国的预审法官制度，但现代意义的司法审查原则形成于美国，并在第二次世界大战后逐步为各主要法治国家所接受。现代意义上的司法审查最初是宪法和行政法意义上的，其实行前提是宪政的确立和稳固。当宪法确立之后，如何保障宪法不是一纸空文，能够被严格遵守是现代国家面临的一个问题。三权分立原则虽然比较好地解决了这一问题，但仍然无法解决行政权专横和立法权滥用使宪法被架空的危险。徒法不足以自治，限制性规范和禁止性规范必须和制裁措施相对应，才能不使其流于形式，成为单纯的宣言。为了解决上述问题，司法机关被赋予了护法机关的角色，宪法授权其可以对行政机关和立法机关的行政行为和立法行为进行审查，并对违宪行为实施制裁。虽然这种制裁一般只是宣告行政行为无效或立法行为无效，但已足够承担护法重任，可以阻止行政机关和立法机关对宪法的违反。行政法意义上的违法审查类似于宪法意义上的违宪审查，只不过是小而化之，但仍然反映了权力制衡理论，即通过司法机关对行政机关违法行政行为的审查，以及宣告违法行政行为无效来规制行政权的滥用。司法审查原则的效果显著，因此很快被引入刑事诉讼领域。刑事诉讼中早已存在的令状制度和预审法官制度，使法官可以对程序法请求事项进行事前审查；而司法审查原则的引入使法院可以对侦检机关的程序性违法行为进行裁判和处罚，即对程序性违法引发的程序法争议事实（项）进行事后审查，这样就使得司法审查的完整体系得以构建。法院既可以对程序法请求事实（项）进行审查，也可以对程序法争议事实（项）进行审查；既可以进行事前司法审查，也可以进行事后司法审查。

司法审查体系的完善使裁判权得以扩张，裁判权一方面从审判阶段扩张到审前阶段，另一方面从实体法事项的裁判扩张到程序法事项的裁判。对程序法事项的裁判（司法审查）被我国学者抽象为程序性裁判和程序性制裁，很好地描述了这种新的司法裁判的特征。源于令状制度（事前司法审查）的建立，程序法请求事实（项）的程序法事实裁判初步出现在审前阶段。随着预审法官制度（事前司法审查）的建立，程序法请求事实（项）的程序法事实裁判更是开始在世界主要法治国家的近代刑事诉讼中确立。而现代意义的司法审查制度被法治发达国家普遍接受，使程序性违法正式进入程序法事实裁判的视野，由程序性违法引发的程序法争议事实（项）的裁判成了程序法事实裁判的对象，相应地也成为程序性制裁的对象。程序性制裁的对象是每一种存在程序性违法的行为，特别是违反程序法的侦检行为。未经事前司法审查或虽经事前司法审查仍然存在违法的侦检行为会受到制裁，可能会因为存在程序性违法而被宣告无效，通过这种违法行为取得的证据可能会因为非法而被排除法庭适用。程序性裁判和程序性制裁相互呼应，从制度上保障了裁判权从实体法事项裁判领域向程序法事项裁判领域的扩张。这也意味着刑事诉讼法不仅仅是保障刑事实体法实施的法律，它第一次成为监督和制裁侦检机关公共侵权行为的法律。程序性裁判和程序性制裁制度的完善，使程序法事实的裁判第一次形成完整的体系，第一次能够和实体法事实的裁判平分秋色。从此以后刑事诉讼法的作用分成了两个——保障实体法实施和阻却违法诉讼行为。同时，由于程序性裁判（程序法事实裁判）以程序法事实证明为基础，程序法事实证明的对象也得以扩大，体系也得以完善，开始以一种独立的证明形态存在。

第三节　刑事司法规律总结

综上，就审判者与其他职能部门的关系而言，人类刑事司法史经历了行政权与司法权的分离，审判权与控诉权的分离，警检法等职能部门的分立以及审判权的扩张四个阶段，前三次变革集中体现了"刑事职能机关职权配置的分化"这一子规律；第四次变革则是"刑事职能机关职权配置的优化这一规律的表现"，具体阐述如下：

一　刑事职能机关职权配置的分化

社会分工规律是人类社会中的一种客观的规律，因其形成和发挥作用的领域是人类社会，故人类群体的主观能动性也可以在一定程度上发挥自发或自觉的作用。随着生产力的发展社会分工不断细化，受社会分工规律的影响，人类政治和法治发展的特征之一就是权力的细化和分化。司法权作为国家权力的重要组成部分也不例外。行政权和司法权的分化实现了司法的独立性，彰显了司法权的专业性，同时也减少了行政权对司法权的干预；司法权内部控诉权和审判权的分化则使司法权自我完善和刑事诉讼构造进一步发展；审判机关、警察机关和检察机关三机关权力边界的明晰化，则使相关机关分工负责各司其职。因此人类刑事司法的发展进程就是刑事职权机关职权配置的细化、分化和专业化之过程。源自于刑事司法机关的社会分工规律的子规律"刑事职能机关职权配置的分化规律"，体现在我国刑事诉讼法中就是分工负责，互相配合，互相制约原则（中国）。在这个基础上，进一步可以拓展出侦查、检察、审判权由专门机关依法行使原则（中国）、人民法院、人民检察院依法独立行使职权原则（中国）、未经法院依法判决，对任何人不得确定有罪原则（中国），以及控审分离原则（国际）和法官独立原则（国际）。

二 刑事职能机关职权配置的优化

刑事司法机关的社会分工规律的另一个子规律刑事职能机关职权配置的优化规律，体现在刑事诉讼法中就是司法审查原则的逐步确立和完善。在传统理论中，法院司法裁判的对象只有一个，那就是被告人的定罪量刑问题。也就是被告人的行为是否构成犯罪，依照刑法应当给予何种处罚。此时的司法裁判，解决的问题是实体法问题，其性质归属自然也是实体性裁判。随着西方国家宪法、行政法领域的司法审查制度应用于刑事诉讼法领域，法院的司法裁判对象增加了新的内容[①]。刑事诉讼中的司法审查针对的对象是刑事程序法违法行为，即程序性违法行为，由当事人（公民、法人或其他组织）提起对程序性违

[①] 在宪法领域，司法审查针对的是违宪行为，即对宪法违法行为进行审查；在行政法领域，司法审查针对的是行政违法行为，即对行政违法行为进行审查。无论是哪种领域的审查，一般都以民告官的形式存在，由公民、法人或其他组织提起对违宪行为或行政违法行为的司法审查之诉，通过法院的司法审查，评价立法机关立法行为、行政机关行政行为的法律效力，对违宪行为和行政违法行为加以纠正或救济。

法行为的司法审查之诉①。通过法院的司法审查,审查侦查机关、检察机关乃至审判机关诉讼行为的性质,评价侦查行为、检察行为,乃至法院审判行为的法律效力,对侦查违法行为、检察违法行为和审判违法行为加以纠正或救济。

　　随着二战后现代司法审查制度在刑事诉讼领域的正式确立,由法院受理司法审查之诉,对刑事诉讼行为的性质进行审查,便逐步形成了完善的制度。我们耳熟能详的程序性裁判、程序性后果(程序性制裁)和程序性辩护等概念正是我国学者对西方法治国家司法审查制度的抽象描述。司法审查制度在刑事诉讼领域的运用,给司法裁判对象的内涵和外延都带来了巨大的变化。从此以后,法院司法裁判的对象就不再仅仅是被告人罪与罚的实体法问题,由程序性违法引发的侦查、起诉、审判机关的诉讼行为性质争议这种程序法问题也正式成为了法院司法裁判的对象。这就意味着对程序性违法行为的司法审查之诉和对实体性犯罪行为的定罪量刑之诉一起,成为了法院司法裁判的对象,不仅仅是公民、法人或其他组织的犯罪行为可以成为司法裁判的对象,承担刑事实体法实施的侦查、起诉、审判机关的程序性违法行为也可以成为司法裁判的对象。这种变化具有划时代的意义,它使得刑事诉讼法不再只是确保刑事实体法实施的程序法,同时也成为了确保刑事诉讼本身依法进行的程序法,这在客观上进一步促进了审判者司法权力的扩张和优化。

---

　　① 笔者认为,对程序性违法引发的程序性争议事实(项)的裁判可以称为狭义的程序性裁判或者狭义的司法审查之诉,而对非程序性违法引发的程序法争议事实(项)、控方提出的程序法请求事实(项)和辩方提出的程序法请求事实(项)的裁判,可以称为广义的程序性裁判。狭义的程序性裁判或者狭义的司法审查之诉,具备了最完备的特征和代表性,是程序性裁判或者司法审查之诉的典型代表。

第九章

刑事诉讼法的修改及与监察法的衔接

2018年刑事诉讼法修改是继刑诉法2012年修改之后的又一次修改，是对近年来司法改革经验的总结和提炼。本次修改虽然取得了很大的进步，但仍然存在一定的问题。这些问题一方面是刑事诉讼法本身的问题，另一方面则是与监察法衔接的问题。经过对2018年刑事诉讼法修改草案的认真研究，笔者对刑事诉讼法的修改及与监察法的衔接进行了深入思考，现讨论如下：

第一节 刑事诉讼法修改中的一般性问题

我国刑事诉讼法迎来了2012年修改之后的又一次修改，本次修改是在十八届四中全会以来推进的一系列司法改革的基础上进行的。

一 增加"以审判为中心的诉讼制度改革"的内容

刑诉法的本次修改是在十八届四中全会以来推进的一系列司法改革的基础上进行的，这些改革成果也自然应当体现在本次刑事诉讼法的修改中。笔者注意到刑事简化程序改革的试点经验在本次修改中体现较多，速裁程序和被告人认罪认罚程序正式以法律的形式固定在刑诉法中。涉及刑事诉讼法与监察法接轨的内容也不少,如规范监察机关与检察机关诉讼流程衔接的法律规范。但是整个草案却看不到以审判为中心的刑事诉讼制度改革的内容。2014年10月,十八届四中全会通过的《中共中央关于全面推进依法治国若干重大问题的决定》明确提出了"推进以审判为中心的诉讼制度改革"。此后,最高人民法院在2015年发布的《关于全面深化人民法院改革的意见——人民法院第四个五年改革纲要(2014—2018)》中明确提出"人民法院深化司法改革……突出审判在诉讼制度中的中心地位",要"建立以审判为中心的诉讼制度","建立中国特色社会主义审判权力运行体系,必须尊重司法规律,确保庭审在保护诉权、认定证据、查明事实、公正裁判中发挥决定性作用,实现诉讼证据质证在法庭、案件事实查明在法庭、诉辩意见发表在法庭、裁判理由形成在法庭"。最高人民检察院也于2015年下发《关于深化检察改革的意见(2013—2017年工作规划)》,提出"适应以审判为中心的诉讼制度改革,全面贯彻证据裁判规则。严格规范取证程序,依法收集、固定、保存、审查、运用证据,配合有关部门完善证人、鉴定人出庭制度,举证、质证、认定证据标准,健全落实罪刑法定、疑罪从无、非法证据排除的法律制度。进一步明确检察环节非法证据排除的范围、程序和标准"。笔者建议应增加"以审判为中心的诉讼制度改革"的内容,将本轮司法改革的所有重要成果全部法典化。

二 规定犯罪嫌疑人、被告人在签署具结书前有权获得辩护人的法律帮助

刑诉法草案第174条第1款规定:"犯罪嫌疑人自愿认罪,同意量刑建议和程序适用的,应当在辩护人在场的情况下签署认罪认罚具结书。"本条存在这样一个问题:"应当在辩护人在场的情况下签署认罪认罚具结书"是不是说所有的犯罪嫌

人，只要自愿认罪，同意量刑建议和程序适用的，都应当在辩护人在场的情况下签署认罪认罚具结书？或者说是否应当给未聘请辩护人的所有犯罪嫌疑人、被告人指定辩护律师或值班律师为其担任辩护人，以保证所有的犯罪嫌疑人都能在辩护人在场的情况下签署认罪认罚具结书？笔者认为，本条规定关注了犯罪嫌疑人权利的保护，堪称刑事案件普及辩护的第一步。我们似乎可以更进一步，在被告人认罪认罚程序和速裁程序中，明确规定所有犯罪嫌疑人、被告人在签署具结书之前，都有权获得辩护人的法律帮助，犯罪嫌疑人、被告人未聘请辩护人的，符合指定辩护条件的应当为其依法指定辩护律师，不符合指定辩护条件的应当由值班律师为其提供法律帮助。这是因为，犯罪嫌疑人、被告人往往文化程度较低，法律知识匮乏，不经辩护人或值班律师咨询，很难理解被告人认罪认罚程序和速裁程序的意义。同时，被告人认罪认罚程序和速裁程序，特别是速裁程序，都简化了普通审判程序，客观上减损了犯罪嫌疑人、被告人的程序权利。现行的一系列国际人权公约在审判问题上形成了两个公认的原则，即"公正审判原则"和"正当程序原则"。在复杂的国际人权斗争中，我们应避免因某些纯粹的程序问题而授人以柄，给我国带来不必要的麻烦。在国外的辩诉交易中，犯罪嫌疑人、被告人往往处于非羁押状态，不在看守所中，故而没有因羁押状态而产生的恐惧、焦虑、绝望等巨大的心理压力和剥夺自由所带来的身体不适及痛苦，故而能在自由意志下处分自身权利，参与辩诉交易。但是在我国，犯罪嫌疑人、被告人绝大部分处于被逮捕后的羁押状态，人身自由被剥夺自然会产生恐惧和精神强制，人的自由意志也会受到极大的影响，在没有外部法律帮助的情况下，恐怕不能保证其认罪认罚是完全出于自愿。例如最近发生的鸿茅药酒跨省抓捕案中的犯罪嫌疑人谭秦东，在获得新华社关注被取保候审后居然还发表向鸿茅药酒的致歉信,就是恐惧心理和精神强制的例证。如果检察机关没有在审查批准逮捕时坚持原则,做出不予批准逮捕的决定,而是批准了对谭秦东的逮捕措施,那么以该人的心理状态和精神强制程度,在没有辩护人介入的情况下也难保其不会认罪认罚,接受速裁程序,签署认罪认罚具结书。因此,在犯罪嫌疑人、被告人被羁押的情况下,必须有辩护人提供充分的法律帮助才能使犯罪嫌疑人、被告人在法律上了解其所触犯罪名的性质,确认自身行为是否构成犯罪,在此基础上才能谈到下一步认罪认罚的问题。也只有辩护人介入到犯罪嫌疑人、被告人与外界隔绝的羁押状态,才能使其在心理上减少恐惧感和绝望感,大致保持自由意志,尽量摆脱侦查机关羁押行为带来的精神强制,才能真正保证犯罪嫌疑人、被告人认罪认罚的自愿性和认罪认罚具结书内容的真实性、合法性。

三 在被告人认罪认罚程序和速裁程序中赋予值班律师辩护人的地位和权利

刑诉法草案第36条规定:"法律援助机构可以在人民法院、人民检察院、看守所派驻值班律师。犯罪嫌疑人、被告人没有委托辩护人,法律援助机构没有指派律师为其提供辩护的,由值班律师为犯罪嫌疑人、被告人提供法律咨询,程序选择建议,代理申诉、控告,申请变更强制措施,对案件处理提出意见等辩护。人民法院、人民检察院、看守所应当告知犯罪嫌疑人、被告人有权约见值班律师,并为犯罪嫌疑人、被告人约见值班律师提供便利。"

根据该条规定,在犯罪嫌疑人、被告人想要约见值班律师时,可以约见,由值班律师提供法律咨询。不过,这种法律帮助仅限于提供法律咨询,与辩护人的权利相差甚远,还存在一系列问题。比如,犯罪嫌疑人、被告人约见了值班律师之后,又想约见，但值班律师换人了怎么办？能否约见同一值班律师？再比如，如果值班律师在向犯罪嫌疑人、被告人提供法律咨询的过程中，发现案件存在问题，想要进一步了解案情，能否主动要求会见犯罪嫌疑人、被告人？能否阅卷？这些问题草案都没有明确规定。被告人认罪认罚直接关乎犯罪嫌疑人、被告人的自由。值班律师（辩护人）充分的法律帮助可能会减少一些犯罪嫌疑人、被告人的认罪认罚，但也会避免再次出现余祥林、杜培武式的冤假错案，尽量减少未来可能产生的司法责任。

在犯罪嫌疑人、被告人认罪认罚的情况下，如果出现了冤假错案，司法人员是否要承担责任？可能有观点认为既然犯罪嫌疑人、被告人自己认罪认罚又签署了认罪认罚具结书，显然应当责任自负，司法人员不应承担责任。必须指出，刑事案件不同于民事案件。法院通过民事调解可以减少上诉率，减少错误判决产生的司法责任，其根本原因在于个人有权处分自身民事权利，且所涉及民事权利往往为财产权而非人身自由，即便调解错误，也不过是肘腋之患，无法与刑事错案的心腹之患相比。刑事案件中的犯罪嫌疑人、被告人是否有权利处分其人身自由权，恐怕没有充分理论支持，其答案似乎是否定的。一旦被告人认罪认罚案件中出现了冤假错案，朝议汹汹舆论哗然，办案人那时想推掉司法责任恐怕也不是很容易的事情。从前的余祥林、杜培武等错案，哪一个不是审委会会议决定甚至政法委会议决定的审判结果？在当时看办案人员通过执行院领导机关或上级领导机关的会议决定可以不承担司法责任，可是日后案发，在强大的公众舆论压力下哪一个又能免除司法责任？因此，草案中既然规定值班律师可以提供法律帮助，就不如更进一步赋予其充分的法律帮助权，如会见权和阅卷权。在值班律师充分提供法律帮助的基础上犯罪嫌疑人、被告人认罪认罚的，其认罪认罚才具有真正的自愿性，而不会因为羁押产生的精神强制含冤认罪。这样，产生冤假错案的可能性才会降到最低，也才能最大限度地保护公安司法工作人员，保证他们不会因为完全可以避免的冤假错案在多年后承担意想不到的司法责任。

四 应当做好刑诉法和监察法的衔接工作

国家监察法颁行后，刑诉法需要相应修改以与监察法相衔接，笔者认为刑诉法草案规定的衔接条文存在若干问题：

其一，新增的170条第2款规定："对于监察机关采取留置措施的案件，人民检察院应当对犯罪嫌疑人先行拘留，留置措施自动解除。人民检察院应当在拘留后的十日以内作出是否逮捕、取保候审或者监视居住的决定。在特殊情况下，决定的时间可以延长一日至四日。"我国刑诉法第80条规定："公安机关对于现行犯或者重大嫌疑分子，如果有下列情形之一的，可以先行拘留：

（一）正在预备犯罪、实行犯罪或者在犯罪后即时被发觉的；

（二）被害人或者在场亲眼看见的人指认他犯罪的；

（三）在身边或者住处发现有犯罪证据的；

（四）犯罪后企图自杀、逃跑或者在逃的；

（五）有毁灭、伪造证据或者串供可能的；

（六）不讲真实姓名、住址，身份不明的；

（七）有流窜作案、多次作案、结伙作案重大嫌疑的。"

必须指出，监察机关管辖的犯罪是国家工作人员的贪污贿赂犯罪，贪污贿赂犯罪的犯罪嫌疑人显然不是现行犯，大多数并不符合刑诉法第80条规定的7种情形，对这类犯罪嫌疑人适用拘留措施，显然是于法无据的。而且，根据刑诉法第163条规定，检察机关只有拘留决定权，没有拘留执行权，无权"对犯罪嫌疑人先行拘留"。

所以，笔者建议将草案新增的170条第2款修改为"监察机关在留置措施结束前十日，应当向检察机关申请批准逮捕或提请检察机关决定逮捕，人民检察院应当在十日以内做出是否逮捕、取保候审或者监视居住的决定。人民检察院批准逮捕或决定逮捕的，监察机关留置措施结束后，应当通知公安机关执行逮捕。人民检察院不批准逮捕或决定不逮捕的，监察机关留置措施结束后，应当适用取保候审或者监视居住。"

其二，草案的170条第1款规定："人民检察院对于监察机关移送起诉的案件，依照本法和监察法的有关规定进行审查。人民检察院经审查，认为需要补充核实的，应当退回监察机关补充调查，必要时可以自行补充侦查。"如果监察机关的调查行为，不属于"侦查"的话，人民检察院的补充侦查从逻辑上就会出现问题，既然没有"侦查"，那么何来"补充侦查"？所以，建议将该款去掉"补充"二字，改为"……人民检察院经审查，认为需要补充核实的，应当退回监察机关补充调查，必要时可以自行侦查。"

其三，人民检察院的法律监督权是宪法赋予的，其监督对象不仅应为司法机关或审判机关，而且应当包括侦查机关和监察机关。在英美法系和大陆法系国家，要由法官对侦查人员进行法律监督。在大陆法系国家，往往还实行检警一体，由检察官指挥警察进行侦查。既然我国宪法没有将对侦查机关的法律监督权授予法院，而是授予了检察机关，那么检察机关就应当拥有对侦查机关的法律监督权，这既是国际惯例，又符合中国国情。监察机关在办理贪污贿赂案件时，即使不用遵循刑事诉讼法，但其行为性质却仍然是侦查行为，因此也应当受到检察机关的监督。建议将草案第19条第2款修改为："人民检察院在对诉讼活动实行法律监督中发现侦查人员、审判人员和监察人员利用职权实施的非法拘禁、刑讯逼供、非法搜查等侵犯公民权利、损害司法公正的犯罪,可以由人民检察院立案侦查……"

第二节　刑事诉讼法修改中的特殊问题
——刑事速裁程序中不相关案件被告人同时受审问题

经过对刑事诉讼法修正草案的研究,笔者认为刑事速裁程序中存在的不相关案件被告人同时受审问题,容易引发冤假错案,在复杂的国际人权斗争中,容易授人以柄。现分析如下:

一　现实情况

近年来推进的刑事速裁程序是本次司法改革的重要内容,其试点经验已经以法律的形式固定在刑事诉讼法修改草案中。

刑事速裁程序和另一个试点程序"被告人认罪认罚"程序一样,都是通过简化一审普通程序来提高刑事审判效率,同时以实体处罚的从轻和减轻来补偿被告人因程序简化而造成的程序权利的减损。但是必须指出,这种程序权利的减损不应当损害世界刑事司法领域公认的正当程序原则和公正审判原则,不应当危及被告人(犯罪嫌疑人)的基本诉讼权利和人权,更不应当引发刑事错案。

近年来,在刑事速裁程序的试点中,出现了一个让人忧虑的问题,就是不相关案件的十几名甚至几十名被告人同时出庭受审。

从互联网上我们可以很容易地找到相关案例:

"青岛财经日报0605:市北法院40分钟速裁10起刑

案", 青岛市北区人民法院网站, http://qdsbqfy.sdcourt.gov.cn/qdsbqfy/404818/404810/1141972/index.html;

"市法院集中宣判10起醉驾案",（平度市）平度政务网, http://www.pingdu.gov.cn/n3318/n4213/n4218/160422090210801740.html;

"楚雄法院：刑事速裁28分钟审结6起刑事案件", 中国法院网, https://www.chinacourt.org/article/detail/2018/06/id/3368657.shtml

"北京法院首次速裁刑案25分钟审四盗窃案", 中国新闻网, http://www.chinanews.com/fz/2014/12-23/6901601.shtml

上述案件的审理有一个共同点，即把几名、十几名甚至几十名不相关案件的被告人同时带入法庭，让被告人同时站在法官面前，统一宣读法庭纪律和被告人权利，统一介绍合议庭组成人员，统一询问回避要求，统一询问是否同意适用刑事速裁程序，统一询问是否认罪认罚。

很显然，这些上网的案例都是从正面角度进行宣传的，这些法院的宣传部门显然认为上述案例是工作中的成绩而非工作中的问题，更不会想到这样的网络宣传如果被别有用心的外媒引用，传播到其他国家，会给我国在人权领域造成多大的压力。

二 产生原因

在刑事速裁程序中，十几名或几十名被告人同时出庭受审，缘于对司法效率的追求。这些法院的司法工作人员所理解的刑事速裁程序最重要的价值就是"快"和"多"。今天你用刑事速裁程序审完一个案件用一个小时，明天我审完一个案件就用半个小时,比你还要快。今天你用刑事速裁程序一天能审完 8 个案子,明天我一天能审完 10 个案子,比你还要多。

在严格适用实体法和程序法的前提下,在保证司法公正的基础上尽量追求司法效率是一件很正面、很积极的事,值得肯定。但是过分追求效率,无原则地攀比审判效率,不惜违反国际和国内公认的刑事司法习惯来刻意追求司法效率,甚至不惜损害正当程序和公正审判原则盲目攀比司法效率,就必须高度警惕了。

上文提到的不相关案件的被告人同时出庭受审的主要目的是为了最大限度节约时间,追求单个案件审判时间的缩短和单位时间内审结案件的数量。被告一名接一名接受审判本来就会浪费很多时间,对每一名被告宣读法庭纪律,介绍合议庭组成人员,询问回避要求、是否适用刑事速裁程序以及是否认罪,又会浪费很多时间。于是为了节省时间、提高效率,一些法院把几名、十几名甚至几十名不相关案件的被告人同时带入法庭,让被告人同时站在法官面前,统一宣读法庭纪律和被告人权利,统一介绍合议庭组成人员,统一询问回避要求,统一询问是否同意适用刑事速裁程序,统一询问是否认罪认罚。这样可以大大减少"无用"时间,大大提高审判效率,也就可以在这场司法效率的"大比武"中脱颖而出了。

三 域外比较

那么,不相关案件的被告人同时出庭受审是不是一个问题呢?我们来看看国外简易程序的审判情况。无论大陆法系国家还是英美法系国家,没有任何一个国家的刑事审判是非同案的若干名被告人同时出庭受审的。如果存在若干被告同时受审的情况,那也是同一个案件涉及的被告人或相牵连案件涉及的被告人,绝不会是没有任何关联的非同案被告人同时出庭受审。

国外的刑事简易程序虽然各有特点，但审理顺序都遵循国际公认的刑事司法习惯，即都是在法官审理完一个被告人的案件之后再审理另一个被告人的案件。在美国由治安法庭审理的微罪案件中（相当于我国公安机关处理的治安管理处罚案件，且以判处罚金和社区服务为主），为了节约时间，若干被告人可以同时坐在法庭的旁听席上。但是即便这样，法官审理案件仍然要一个接一个按照先后顺序依次审理，即审理完前一个被告人的案件之后才会叫后一个被告人站起来受审。不相关案件被告人不能同时出庭受审，是一个常识，是几百年来国际公认的刑事司法习惯。那么，为什么不相关案件的被告人不能同时出庭受审呢？或者说不相关案件的被告人同时出庭受审存在什么问题呢？

四　问题分析

人类在心理上存在一种从众倾向：与群体保持一致。比如，在众多被告人同时受审的情况下，如果其他被告人不对回避等程序问题提出异议，那么即便有被告人存在需要提出异议的情况，缘于从众心理也可能不会当众提出，往往会保持沉默。如果其他被告人选择了速裁程序，不愿意选择速裁程序的被告人缘于从众心理也可能不会当众提出，往往也会选择速裁程序。再比如，如果其他被告人全都认罪，那么不准备认罪的被告人缘于从众心理也有可能会保持沉默，也有可能按照与其他被告人同样的认罪模式"认罪"。刑事诉讼和未决羁押所带来的巨大压力，和众多被告人同时受审所带来的新的压力，毫无疑问会严重影响和干扰被告人的自由意志。被告人看着其他陌生的人一个接着一个认罪，这种心理冲击恐怕难以让他们感受到审判的公正，反而可能让他们感到审判只是形式，在法庭上申冤翻案的最后努力也因此失去了动力。这种情况会让正当程序原则受到破坏,而正当程序原则被破坏后,公正审判原则也必然受到破坏。如果仅仅是被告人的人权受到侵犯,从一些人的角度来看,似乎问题还不大,但是这种情况还会引发一个更为严重的问题——冤假错案。

在国外的辩诉交易中,犯罪嫌疑人、被告人往往处于非羁押状态,不在看守所中,故而没有因羁押状态而产生的恐惧、焦虑、绝望等巨大的心理压力和剥夺自由所带来的身体不适及痛苦,故而能在自由意志下处分自身权利,参与辩诉交易。但是在我国,犯罪嫌疑人、被告人绝大部分处于被逮捕后的羁押状态,人身自由被剥夺自然会产生恐惧和精神强制,人的自由意志也会受到极大的影响,在没有外部法律帮助的情况下,恐怕不能保证其认罪认罚是完全出于自愿。

目前的刑事诉讼法草案中,并未明文规定刑事速裁程序中被告人必须由辩护人提供法律帮助。缺乏法律知识的被告人在没有外部法律帮助的情况下,一方面无法对刑事速裁程序完全理解,另一方面对自己的诉讼权利也不能完全理解。这就使其对自己在审判时的自认行为所引发的刑事法律后果没有相应的预期,甚至处于完全无知的状态。此时,在从众心理的影响下,缘于对不利法律后果的无知,被告人很可能盲目与其他一同受审的被告人保持一致,而做出对自己不利的选择或自认行为。显然,这样的选择或自认行为是容易引发错案的。

五 修改建议

我国推进一系列司法改革的根本目的是为了减少冤假错案,如果司法实践中的某些错误做法反而更容易引发冤假错案,我们就必须采取措施,改变不合理的做法,避免出现意想不到的消极后果和严重问题。

因此,笔者认为,应当在刑事诉讼法修正草案第二百二十四条第二款增加一款规定："适用速裁程序审理案件，应当一案一审，不能同时对不相关案件的被告人进行审判"。

增加该款规定，也是避免我国在人权问题上陷入被动。从监察法出台到刑诉法的修改，本次司法改革动作很大。鉴于我国每两年需向联合国人权理事会提交一份人权白皮书，西方反华势力肯定会在这两部法律上大做文章。因此，我们应当尽量减少可能招致攻击的争议点，集中力量在主要问题上与反华势力展开斗争。像"不相关案件的被告人同时受审"这类不起眼的问题，却违反了《联合国公民权利和政治权利公约》等国际人权法公约所确认的正当程序原则和公正审判原则，如果因此引发西方反华势力的攻击就实在没有必要。笔者认为，我们在进行国内立法时，也不应当忽视国内法在国际上可能造成的影响。总的处理原则应当是不给我国政府增添不必要的麻烦，更不能在复杂的国际人权斗争中授人以柄。

第三节　刑事诉讼法与监察法衔接中的特殊问题——关于在看守所设置留置执行场所的建议[①]

深化监察体制改革是以习近平同志为核心的党中央作出的重大决策部署，"用留置取代'两规'措施"能否顺利施行，直接影响到国家反腐败工作的规范化、法制化进程。结合北京市公安监所管理工作的实践和留置试点的经验，笔者认为留置取代"两规"可以解决"两规"决定和执行机关一体化、过程神秘化的问题，应以宪法为根本法律依据，以《国家监察法》

---

① 本节内容得益于和甘新萍同志的合作，在此致谢。甘新萍，女，北京市公安局监所支队纪委书记。

为上位法，制定完善配套的法律法规体系，充分利用看守所的先天优势和后续可开发资源，在看守所开辟留置专区执行留置。

一 在公安机关看守所设置留置执行场所的理由

（一）看守所职责任务和管理沿革具备留置执行场所的先天优势

《刑事诉讼法》和《看守所条例》规定了看守所的职责任务。通过对比可以看出，看守所和留置场所在法律性质和职能作用上均有共通之处：一是适用对象的规定上有重合。据2017年12月公布数据显示，北京留置61人，39人因构成犯罪移送司法机关，浙江留置160人，70%以上因构成犯罪移送司法机关，可见留置对象涉嫌公职犯罪的人员占较大比例。二是职能作用相似。看守所的主要职能是保障刑事诉讼活动的顺利进行，留置场所的目的则是保证监察调查工作的顺利进行，二者在刑事侦查和监察调查阶段的作用基本相同。三是有关折抵刑期的规定一致。被留置人员涉嫌犯罪移送司法机关后，被依法判处管制、拘役和有期徒刑的，留置期限应当折抵刑期。四是看守所管理模式完全符合"留置期间保障被留置人员的饮食、休息，提供医疗服务"等需求。

（二）符合公权力相互监督的谦抑性原则

监察留置作为最为严厉的调查手段，会限制公民的人身自由，似乎不宜由监察委单独裁决并执行，可以针对留置措施制定更加严密严格的程序规则，给予更加谦抑审慎的法治关照。《国家监察法》草案专门规定了"对监察机关和监察人员的监督"。但是对留置执行过程的监督未见明确规定。如果将留置措施交由公安机关看守所的留置专区执行，这一问题将迎刃而解。首先，由公安机关配合监察委执行留置措施，实现了留置决定机关和执行机关分离；其次，留置专区纳入驻看守所检察室的监督范围，同时实现了检察院对监察委留置调查和公安机关留置执行过程的监督;其三,在看守所留置专区执行留置,可以在办案程序上与刑事诉讼的逮捕程序保持无缝衔接,从证据衔接上也可遏制非法证据产生,防止公权力滥用。

(三) 可以兼顾调查工作保密性和社会公开监督的需要

留置措施在监察改革试点实践中从神秘模糊逐步走向清晰公开,如何防止其不被滥用,特别是如何接受社会监督、法律监督成为公众关注的热点。《国家监察法》草案规定:监察机关应当接受本级人民代表大会及其常务委员会的监督。各级人民代表大会常务委员会可以听取和审议本级监察机关的专项工作报告,并组织执法检查;监察机关应当依法公开监察工作信息,接受民主监督、社会监督、舆论监督。显然,原来"两规"的办案基地或者临时指定的旅馆、招待所等场所已经不能适应法制轨道上的监察留置工作。但是,反腐败斗争的对象盘根错节,案情错综复杂,犯罪手段隐蔽,案件内容往往涉及国家秘密和国家利益,对监察调查工作的保密性要求很高,而看守所则兼具先天的保密安全优势和依法公开接受监督的条件。以北京为例,市、区两级看守所大多都是同级纪检部门批准设立的反腐倡廉教育基地,在满足留置对象的日常生活所需、配合监察机关调查工作保密性的同时,又能实现对社会公开,接受公众监督。

(四) 有利于监察程序向刑事程序的衔接

对于留置的性质,目前有行政属性说、刑事侦查活动说和"准羁押措施"说,从不同的角度观察,以上三种观点都有其根据与合理性。笔者认为,以"二元"思路来理解监察措施"留置"更为全面。即,监察措施是兼具行政强制措施和刑事侦查强制措施属性的特定调查措施,如果在一般违法违纪案件中使用留置措施,留置具有行政属性;如果在查处职务犯罪案件中使用留置措施,则留置具有刑事属性。同时,其行政属性在案件性质转化的情况下亦可转化为刑事属性。因此在看守所设置留置专区，而不是将留置对象与犯罪嫌疑人混关混押，既体现了与刑事诉讼法"刑事羁押"的区别，又为监察留置向刑事诉讼程序的顺利衔接提供便利条件。比如，在浙江的实践中，从解除留置到采取逮捕措施基本都是同一天完成，在看守所留置专区完成对接手续实现了监察程序向司法程序的无缝衔接。

（五）能够保证留置对象的人身健康安全

监察委查办的案件当事人都是手握公权力的6类国家公职人员，且以领导干部居多，通常情况下，此类人员社会关系复杂，年龄偏大，身体健康状况一般。他们被采取留置措施后，由于精神高度紧张和较大的心理落差，容易出现身体健康问题，还有的企图采取极端行为对抗调查，或者抱有伺机脱逃等心理。在看守所内设置留置专区，既有戒备森严的人防、技防、物防安全屏障，又具备驻所医务室24小时值守、入所健康体检、患病人员管控、远程会诊和专家巡诊等全方位的医疗保障。看守所与社会医院、办案单位通过健全机制，开辟突发疾病救治和变更强制措施两个"绿色通道"，可以有效预防留置对象出现疾病死亡等情形，避免留置对象死亡引发的死因异议纠纷。

（六）节约改革成本

基于监察委办案常态化、反腐法治化的推进，有必要建立监察委专用的留置场所。但是一味追求成立新的机构，建设新的场所恐将造成人、财、物、时间成本等资源的浪费。在看守所内设置留置专区，只需经过必要的软硬件改造，就可以最大化利用看守所完备的设施和成熟的管理经验，为合法合规使用留置措施实现监察职能目的提供最全面的保障。

二　留置场所规范化设置的几点意见

在看守所设置留置专区虽然具备一定优势和便利条件，但是如果看守所在未经改造和制度完善条件下执行留置，容易造成监督空白和安全隐患，因此笔者建议从法律体系完善、软硬件升级改造、归口规范管理和制度顶层设计等四个方面提升看守所留置专区的法治化建设和规范化管理。

（一）修订完善配套法律法规推动留置场所法治化建设

新修订的宪法赋予了监察法新型的公权力，《国家监察法》正式颁布后，根据法律效力位阶原则，与其冲突的同位法、下位法将面临着调整和服从。如果监察留置交由公安机关看守所留置专区执行，会涉及《人民警察法》和《看守所条例》的调整。为进一步规范留置措施的法治化规范化运用，需尽快填补法律空白和盲区，防止公权力滥用或者授人以柄。应在《监察法》的框架内，完善配套法律法规和执法规范性文件，制定监察法实施细则和留置措施管理法规，加强监察与公安、检察机关的业务对接。

（二）根据地域特点对看守所设置留置专区进行软硬件改造

根据《国家监察法》草案的规定，省、市、县三级设立监察委员会，分级行使监察权，但是为防止串供泄密，留置场所的设置不宜和监察委员会的设置一一对应，留置对象不适合混关混住，建议采取单独留置单间管理。以北京为例，2017年1月至2018年1月共留置63人，16个市辖区平均每个区执行留置不足4人，若每个区都在看守所设置留置专区必将造成极大的资源浪费。因此，为有效整合利用资源，建议采取"就近、跨区、集中"的模式设置留置专区，承担执行留置任务。在东南西北四个区域分别选取安全保障设施完备、管理规范、地理位置适当的看守所进行留置专区的改造，隔离出专门区域进行留置室和留置审讯室，加装技防安防设施，研发被留置人员信息数据管理系统，提升留置专区的科技应用水平，并出台相应的规章制度，明确留置对象的范围。

(三) 授权公安机关监所管理职能部门将留置专区归口管理

　　公安机关监所管理部门是专责指导监督辖区内公安监所业务工作的职能部门，增加其对留置专区的相关工作职能，可促进留置专区归口管理，实现条块结合专业化、规范化管理。以北京市为例，公安机关监所管理部门可与监察委对接、协调全市执行留置工作，检查、指导市公安局看守所留置专区管理、运行情况，指导、监督市公安局看守所留置专区应急处置留置对象病亡、舆论炒作等突发情况；负责与市监察委、市公安局相关部门协调市局看守所留置专区陪护人员招录、使用及后勤保障等工作；负责请示、研究、解决市局看守所留置执行中出现的新问题、新情况等工作；制定完善留置专区相关管理制度等。

　　(四) 高度重视留置场所规范化管理的顶层设计

　　在看守所设置留置专区，被调查人员进出留置场所及其被留置期间的安全管理关系到调查工作的开展以及被调查人员的权利保障，这需要监察委会同公安、检察机关出台专门的留置执行管理办法和相关的规章制度，重新设计一套区别于现有看守所收押看管犯罪嫌疑人的工作流程。首先，留置专区对外与看守所的关系要有所区分，建议在看守所加挂留置专区的标牌，例如："海淀区看守所"加挂"海淀区监察留置专区"的标牌，对内可以一个班底一体化运行。其次，工作流程应涵盖监察委、公安机关、驻所检察室之间的工作程序衔接和相互配合及监督，同时厘清留置期间三机关各自的分工和责任承担。其三，该流程还应将业务操作过程与科技信息化应用深度融合，发挥科技应用对科学依法文明管理的支撑作用。当监察委做出留置决定，看守所留置专区应先行查验文书证件，对被调查对象开展入所体检安检、个人信息核对录入、安排留置室、巡视谈话等工作，所有被留置对象的个人信息数据及留置专区监控录像在经过加密处理后应同步上传驻所检察室,驻所检察室对监察委留置程序执行及看守所是否履行看管职责行使监督权。其四,制度顶层设计还应遵循节约、高效、务实的原则最大化合理化利用现有资源,比如安检、体检、巡诊、出所就医等人力物力可利用看守所现有警力和设备,而对看护人员的配备上,应组建政治素质高、保密意识强、业务能力过硬的专业看护管教队伍,实行全天候无死角全方位看护管理。

中华人民共和国刑事诉讼法（修正草案）
征求意见稿

一、增加一条，作为第十五条："犯罪嫌疑人、被告人自愿如实供述自己的罪行，对指控的犯罪事实没有异议，愿意接受处罚的，可以依法从宽处理。"

二、将第十八条改为第十九条，第二款修改为："人民检察院在对诉讼活动实行法律监督中发现司法工作人员利用职权实施的非法拘禁、刑讯逼供、非法搜查等侵犯公民权利、损害司法公正的犯罪，可以由人民检察院立案侦查。对于公安机关管辖的国家机关工作人员利用职权实施的其他重大的犯罪案件，需要由人民检察院直接受理的时候，经省级以上人民检察院决定，可以由人民检察院立案侦查。"

三、将第三十二条改为第三十三条，增加一款，作为第三款："被开除公职和被吊销律师、公证员执业证书的人，不得担任辩护人，但系犯罪嫌疑人、被告人的监护人、近亲属的除外。"

四、增加一条，作为第三十六条："法律援助机构可以在人民法院、人民检察院、看守所派驻值班律师。犯罪嫌疑人、被告人没有委托辩护人，法律援助机构没有指派律师为其提供辩护的，由值班律师为犯罪嫌疑人、被告人提供法律咨询，程序选择建议，代理申诉、控告，申请变更强制措施，对案件处理提出意见等辩护。"

"人民法院、人民检察院、看守所应当告知犯罪嫌疑人、被告人有权约见值班律师，并为犯罪嫌疑人、被告人约见值班律师提供便利。"

五、将第三十七条改为第三十九条，第三款修改为："危害国家安全犯罪、恐怖活动犯罪案件，在侦查期间辩护律师会见在押的犯罪嫌疑人，应当经侦查机关许可。上述案件，侦查机关应当事先通知看守所。"

六、将第七十三条改为第七十五条，第一款修改为："监视居住应当在犯罪嫌疑人、被告人的住处执行；无固定住处的，可以在指定的居所执行。对于涉嫌危害国家安全犯罪、恐怖活动犯罪，在住处执行可能有碍侦查的，经上一级公安机关批准，也可以在指定的居所执行。但是，不得在羁押场所、专门的办案场所执行。"

七、将第七十九条改为第八十一条，增加一款，作为第二款："批准或者决定逮捕，应当将犯罪嫌疑人、被告人涉嫌犯罪的性质、情节，认罪认罚情况，对所居住社区的影响等情况，作为是否可能发生社会危险性的考虑因素。对于不致发生社会危险性的犯罪嫌疑人、被告人，可以取保候审或者监视居住。"

八、将第一百零六条改为第一百零八条，第一项修改为："（一）侦查是指公安机关、人民检察院等机关对于刑事案件，依照法律进行的收集证据、查明案情的工作和有关的强制性措施"。

九、将第一百一十八条改为第一百二十条，第二款修改为："侦查人员在讯问犯罪嫌疑人的时候，应当告知犯罪嫌疑人享有的诉讼权利，如实供述自己罪行可以从宽处理的法律规定和认罪认罚可能导致的法律后果。"

十、将第一百四十八条改为第一百五十条，第二款修改为："人民检察院在立案后，对于利用职权实施的严重侵犯公民人身权利的重大犯罪案件，根据侦查犯罪的需要，经过严格的批准手续，可以采取技术侦查措施，按照规定交有关机关执行。"

十一、将第一百六十条改为第一百六十二条，增加一款，作为第二款:"犯罪嫌疑人自愿认罪的,应当记录在案,随案移送,并在起诉意见书中写明有关情况。"

十二、增加一条,作为第一百七十条:"人民检察院对于监察机关移送起诉的案件,依照本法和监察法的有关规定进行审查。人民检察院经审查,认为需要补充核实的,应当退回监察机关补充调查,必要时可以自行补充侦查。"

"对于监察机关采取留置措施的案件,人民检察院应当对犯罪嫌疑人先行拘留,留置措施自动解除。人民检察院应当在拘留后的十日以内作出是否逮捕、取保候审或者监视居住的决定。在特殊情况下,决定的时间可以延长一日至四日。"

十三、将第一百六十九条改为第一百七十二条,第一款修改为:"人民检察院对于监察机关、公安机关移送起诉的案件,应当在一个月以内作出决定,重大、复杂的案件,可以延长半个月;犯罪嫌疑人认罪认罚,符合速裁程序适用条件的,应当在十日以内作出决定,对可能判处的有期徒刑超过一年的,可以延长至十五日。"

十四、将第一百七十条改为第一百七十三条,修改为:"人民检察院审查案件,应当讯问犯罪嫌疑人,告知其享有的诉讼权利和认罪认罚可能导致的法律后果,听取犯罪嫌疑人、辩护人、被害人及其诉讼代理人对下列事项的意见,并记录在案:

(一)涉嫌的犯罪事实、罪名及适用的法律规定;

(二)从轻、减轻或者免除处罚等从宽处罚的建议;

(三)认罪认罚后案件审理适用的程序;

(四)其他需要听取意见的情形。"

"人民检察院依照前款规定听取值班律师意见的,应当提前为值班律师了解案件有关情况提供必要的便利。"

"犯罪嫌疑人、辩护人、被害人及其诉讼代理人提出书面意见的,应当附卷。"

十五、增加一条，作为第一百七十四条："犯罪嫌疑人自愿认罪，同意量刑建议和程序适用的，应当在辩护人在场的情况下签署认罪认罚具结书。

有下列情形之一的，犯罪嫌疑人不需要签署认罪认罚具结书：

（一）犯罪嫌疑人是盲、聋、哑人，或者是尚未完全丧失辨认或者控制自己行为能力的精神病人的；

（二）未成年犯罪嫌疑人的法定代理人、辩护人对未成年人认罪认罚有异议的；

（三）其他不宜适用的情形。"

十六、将第一百七十二条改为第一百七十六条，增加一款，作为第二款："人民检察院可以在起诉书中就主刑、附加刑、刑罚执行方式等提出量刑建议。犯罪嫌疑人认罪认罚的，应当在起诉书中写明，并随案移送认罪认罚具结书等材料。"

十七、第二编第三章增加一条，作为第一百八十二条："犯罪嫌疑人自愿如实供述涉嫌犯罪的事实，有重大立功或者案件涉及国家重大利益的，经最高人民检察院核准，人民检察院可以作出不起诉决定，也可以对涉嫌数罪中的一项或者多项不起诉，公安机关可以撤销案件。

根据前款规定不起诉或者撤销案件的，人民检察院、公安机关应当对查封、扣押、冻结的财物及其孳息作出处理。"

十八、将第一百七十八条改为第一百八十三条，修改为："基层人民法院、中级人民法院审判第一审案件，应当由审判员三人或者由审判员和人民陪审员共三人或者七人组成合议庭进行，但是基层人民法院适用简易程序、速裁程序的案件可以由审判员一人独任审判。

高级人民法院审判第一审案件，应当由审判员三人至七人或者由审判员和人民陪审员共三人或者七人组成合议庭进行。

最高人民法院审判第一审案件,应当由审判员三人至七人组成合议庭进行。

人民法院审判上诉和抗诉案件,由审判员三人至五人组成合议庭进行。

合议庭的成员人数应当是单数。

合议庭由院长或者庭长指定审判员一人担任审判长。院长或者庭长参加审判案件的时候,自己担任审判长。"

十九、将第一百八十五条改为第一百九十条,增加一款,作为第二款:"被告人认罪认罚的,审判长应当告知被告人享有的诉讼权利和认罪认罚可能导致的法律后果,审查认罪认罚的自愿性和认罪认罚具结书内容的真实性、合法性。"

二十、增加一条,作为第二百零一条:"对于认罪认罚案件,人民法院依法作出判决时,一般应当采纳人民检察院指控的罪名和量刑建议,但有下列情形的除外:

(一) 被告人不构成犯罪或者不应当追究刑事责任的;

(二) 被告人违背意愿认罪认罚的;

(三) 被告人否认指控的犯罪事实的;

(四) 起诉指控的罪名与审理认定的罪名不一致的;

(五) 量刑建议明显不当的;

(六) 其他可能影响公正审判的情形。

在审判过程中,人民检察院可以调整量刑建议。人民法院经审理认为量刑建议明显不当或者被告人、辩护人对量刑建议提出异议的,应当依法作出判决。"

二十一、第三编第二章增加一节,作为第四节:

第四节 速裁程序

第二百二十二条 基层人民法院管辖的可能判处三年有期徒刑以下刑罚的案件,案件事实清楚,证据确实、充分,被告人认罪认罚并同意适用速裁程序的,可以适用速裁程序,由审判员一人独任审判。

人民检察院在提起公诉的时候，可以建议人民法院适用速裁程序。

第二百二十三条有下列情形之一的，不适用速裁程序：

（一）被告人是盲、聋、哑人，或者是尚未完全丧失辨认或者控制自己行为能力的精神病人的；

（二）有重大社会影响的；

（三）共同犯罪案件中部分被告人对指控的事实、罪名、量刑建议有异议的；

（四）被告人与被害人或者其法定代理人没有就附带民事诉讼赔偿等事项达成调解或者和解协议的；

（五）其他不宜适用速裁程序审理的。

第二百二十四条适用速裁程序审理案件，不受本章第一节规定的送达期限的限制，不进行法庭调查、法庭辩论，但在判决宣告前应当听取被告人的最后陈述意见。

适用速裁程序审理案件，应当当庭宣判。

第二百二十五条适用速裁程序审理案件，人民法院应当在受理后十日以内审结；对可能判处的有期徒刑超过一年的，可以延长至十五日。

第二百二十六条人民法院在审理过程中，发现有被告人违背意愿认罪认罚、被告人否认指控的犯罪事实或者其他不宜适用速裁程序审理的情形，应当按照本章第一节的规定重新审理。

二十二、将第二百五十条改为第二百六十一条，第二款修改为："被判处死刑缓期二年执行的罪犯，在死刑缓期执行期间，如果没有故意犯罪，死刑缓期执行期满，应当予以减刑的，由执行机关提出书面意见，报请高级人民法院裁定；如果故意犯罪，情节恶劣，查证属实，应当执行死刑的，由高级人民法院报请最高人民法院核准；对于故意犯罪未执行死刑的，死刑缓期执行的期间重新计算，并报最高人民法院备案。"

二十三、将第二百六十条改为第二百七十一条，修改为："被判处罚金的罪犯，期满不缴纳的，人民法院应当强制缴纳；如果由于遭遇不能抗拒的灾祸等原因缴纳确实有困难的，经人民法院裁定，可以延期缴纳、酌情减少或者免除。"

二十四、第五编增加一章，作为第三章：第三章缺席审判程序

第二百九十一条对于贪污贿赂等犯罪案件，犯罪嫌疑人、被告人潜逃境外，监察机关移送起诉，人民检察院认为犯罪事实已经查清，证据确实、充分，依法应当追究刑事责任的，可以向人民法院提起公诉。人民法院进行审查后，对于起诉书中有明确的指控犯罪事实的，应当决定开庭审判。

前款案件，由犯罪地或者被告人居住地的中级人民法院组成合议庭进行审理。

第二百九十二条人民法院应当通过有关国际条约中规定的司法协助方式或者受送达人所在地法律允许的其他方式，将传票和人民检察院的起诉书副本送达被告人。被告人收到传票和起诉书副本后未按要求归案的，人民法院应当开庭审理，依法作出判决，并对违法所得及其他涉案财产作出处理。

第二百九十三条人民法院缺席审判案件，被告人有权委托辩护人，被告人的近亲属可以代为委托辩护人。被告人及其近亲属没有委托辩护人的，人民法院应当通知法律援助机构指派律师为其提供辩护。

第二百九十四条人民法院应当将判决书送达被告人及其近亲属、辩护人。被告人或者其近亲属不服判决的，有权向上一级人民法院上诉。辩护人经被告人或者其近亲属同意，可以提出上诉。

第二百九十五条在审理过程中,被告人自动投案或者被抓获的,人民法院应当重新审理。

罪犯在判决、裁定发生法律效力后归案的,人民法院应当将罪犯交付执行刑罚。交付执行刑罚前,人民法院应当告知罪犯有权对判决、裁定提出异议。罪犯对判决、裁定提出异议的,人民法院应当重新审理。

依照生效判决、裁定对罪犯的财产进行处理确有错误的,应当予以返还、赔偿。

第二百九十六条由于被告人患有严重疾病,无法出庭的原因中止审理超过六个月,被告人仍无法出庭,被告人及其法定代理人申请或者同意继续审理的,人民法院可以在被告人不出庭的情况下缺席审理,依法作出判决。

第二百九十七条被告人死亡的,人民法院应当裁定终止审理;但有证据证明被告人无罪,人民法院经缺席审理确认无罪的,依法作出判决。

"人民法院按照审判监督程序重新审判的案件,被告人死亡的,人民法院可以缺席审理,依法作出判决。"

参考文献

一 中文著作

卞建林、刘玫：《外国刑事诉讼法》，中国政法大学出版社2008年版。

陈光中：《21世纪域外刑事诉讼立法的发展》，中国政法大学出版社2004年版。

陈光中：《21世纪域外刑事诉讼立法最新发展》，中国政法大学出版社2004年版。

陈光中：《刑事诉讼法》，北京大学出版社、高等教育出版社2005年版。

陈光中：《刑事诉讼法学》，中国政法大学出版社2005年版。

陈朴生：《刑事诉讼实务》，正中书局1998年再订初版。

陈瑞华：《看得见的正义》（第二版），北京大学出版社2013年版。

陈瑞华：《刑事诉讼的前沿问题》，中国人民大学出版社2013年版。

陈盛清：《外国法制史》，北京大学出版社1987年版。

崔敏：《刑事诉讼法教程》，中国人民公安大学出版社2002年版。

郭成伟等：《清末民初刑诉法典化研究》，中国人民公安大学出版社2006年版。

何家弘:《检察制度比较研究》,中国检察出版社 2008年版。
何家弘、刘品新:《证据法学》,法律出版社 2007年版。
何勤华:《检察制度史》,中国检察出版社 2009年版。
侯东亮:《少年司法模式研究》,法律出版社 2014年版。
冀祥德:《控辩平等论》,法律出版社 2008年版。
贾宇、舒洪水:《未成年人犯罪的刑事司法制度研究》,知识产权出版社 2015年版。
李春雷:《中国近代刑事诉讼制度变革研究》,北京大学出版社 2004年版。
李林、田禾:《法治蓝皮书:中国法治发展报告(2014)》,社会科学文献出版社 2014年版。
卢建平主编:《京师刑事政策评论》第 3 卷,北京师范大学出版社 2010年版。
马作武:《清末法制变革思潮》,兰州大学出版社 1997年版。
闵春雷、杨波、徐阳等:《刑事诉讼基本范畴研究》,法律出版社 2011年版。
齐树洁:《英国司法制度》,厦门大学出版社 2007年版。
宋世杰等:《外国刑事诉讼法比较研究》,中国法制出版社 2006年版。
田文昌:《律师制度》,中国政法大学出版 2007年版。
王晋、刘生荣:《英国刑事审判与检察制度》,中国方正出版社 1999年版。
王兆鹏:《美国刑事诉讼法》,北京大学出版社 2014年版。
温小洁:《我国未成年人刑事案件诉讼程序研究》,中国人民公安大学出版社 2003年版。
夏宗素、张劲松:《劳动教养学基础理论》,中国人民公安大学出版社 1997 年版。

谢佑平：《社会秩序与律师职业——律师角色的社会定位》，法律出版社 1998 年版。

熊秋红：《刑事辩护论》，法律出版社 1998 年版。

徐静村：《律师学》，四川人民出版社 1988 年版。

徐美君：《未成年人刑事诉讼特别程序研究——基于实证和比较的分析》，法律出版社 2007 年版。

薛梅卿：《新编中国法制史教程》，中国政法大学出版社 1995 年版。

张晋藩：《中国法制史》，中国政法大学出版社 1999 年版。

张晋藩：《中国司法制度史》，人民法院出版社 2004 年版。

张智辉：《附条件不起诉制度研究》，中国检察出版社 2011 年 6 月第 1 版。

周宝峰：《刑事被告人权利宪法化研究》，内蒙古大学出版社 2007 年版。

周伟、万毅：《刑事被告人、被害人权利保障研究》，中国人民大学出版社 2009 年版。

周欣：《欧美日本刑事诉讼法》，中国人民公安大学出版社 2002 年版。

周欣：《外国刑事诉讼特色制度与变革》，中国人民公安大学出版社 2014 年版。

最高人民检察院法律政策研究室组织编译：《所有人的正义——英国司法改革报告》，中国检察出版社 2003 年版。

二 中文论文

陈光中：《外国刑事诉讼程序的近期发展趋势》，《比较法研究》1987 年第 4 期。

陈光中:《刑事和解再探》,《中国刑事法杂志》2010年第2期。

陈光中、步洋洋:《审判中心与相关诉讼制度改革初探》,《政法论坛》2015年第2期。

陈雷:《新刑诉法:阻击贪官外逃的一把利剑》,《法制日报》2012年4月2日。

陈瑞华:《程序性裁判中的证据规则》,《法学家》2011年第4期。

陈瑞华:《证据法学研究的方法论问题》,《证据科学》2007年第15卷。

陈兴良:《限权与分权:刑事法治视野中的警察权》,《法律科学》2002年第1期。

陈学权:《污点证人豁免制度初论》,《国家检察官学院学报》2003年第6期。

陈煜:《穿梭的蜉蝣——讼师的法律社会史考察》,硕士论文,南京大学,2004年。

储殷:《当代中国校园暴力的法律缺位与应对》,《中国青年研究》2016年第1期。

邓思清:《刑事缺席审判制度研究》,《法学研究》2007年第3期。

高巍:《我国刑事诉讼中的辩护律师问题研究》,《中国司法》2012年第6期。

郭铭文:《比较法视野中的刑事搜查证明标准》,《赣南师范学院学报》2011年第2期。

何家弘:《对法定证据制度的再认识与证据采信标准的规范化》。

侯晓焱:《论我国搜查证明标准的完善》,《国家检察官学院学报》2006年第1期。

蒋丽华：《法治视野下搜查程序问题研究》，《当代法学》2004年第5期。

雷鸿涛：《中国将严惩行贿犯罪》，《法制周报》2014年4月29日第1版。

李玉萍：《异地审判与我国刑事管辖制度的改革与完善》，《中国刑事法杂志》2009年第2期。

李云虹：《6500亿元外逃资金推动"缺席审判"》，《法律与生活》2011年第9期（下）。

刘金友、郭华：《搜查理由及其证明标准比较研究》，《法学论坛》2004年第4期。

龙宗智：《试论证据矛盾及矛盾分析法》。

龙宗智：《印证与自由心证——我国刑事诉讼证明模式》。

卢少锋：《未成年人犯罪案件诉讼模式初探》，《中共郑州市委党校学报》2008年第5期。

马可：《程序法事实证明的概念、适用、实质与意义》，《中国刑事法》2013年第10期。

马可：《程序法事实证明研究》，博士学位论文，中国人民公安大学，2011年。

马可、吕升运：《非法证据排除规则适用中的司法证明问题——以〈非法证据排除规定〉、2012年〈刑事诉讼法〉修正案及司法解释为视角》，《苏州大学学报》（哲学社会科学版）2014年第3期。

马可、肖军、李忠勇：《逮捕、羁押措施的完善与证明标准的层次性研究》，《湖北社会科学》2014年第1期。

闵春雷：《刑事诉讼中的程序性证明》，《法学研究》2008年第5期。

缪颖丰、郑胜锋：《试论未成年人犯罪及不诉帮教机制》，提交给"中国犯罪学学会第十八届学术研讨会"的论文，2009

年8月1日。

牟军：《中英两国刑事证人的权利与义务之比较研究》（下），《西南民族学院学报》（哲学社会科学版）2000年第3期。

彭波：《高检院：反贪重点查办行贿犯罪》，《民主与法制时报》2014年5月19日第013版。

祁建建：《美国辩诉交易中的有效辩护权》，《比较法研究》，2015年第6期。

强卉：《"污点证人"的作证豁免制度研究》，《山西高等学校社会科学学报》2014年第6期。

屈新、梁松：《建立我国"污点证人"豁免制度的实证分析——以贿赂案件为例》，《证据科学》2008年第16期。

任学强：《腐败犯罪特殊诉讼程序研究》，博士学位论文，上海交通大学，2010年。

桑本谦、杨圣坤：《落马高官异地审判三大争议辨析》，《人民论坛》2013年第4期。

山茂峰：《关于恶意补足年龄适用的探讨》，《法治博览》2016年第19期。

宋英辉、陈永生：《刑事案件庭审查及准备程序研究》，《诉讼法理论与实践》2001年刑事诉讼法学卷（上）。

孙记：《程序性证明——一个证据法学不可缺失的概念》，《北方法学》2007年第5期。

孙艳敏：《不让贪官在经济上占便宜将有法律保障》，《检察日报》2011年8月30日。

谭世贵、董文彬：《试论在贿赂案件中引入污点证人豁免制度》，《海南大学学报人文社会科学版》2004年第4期。

天津市河北区人民检察院课题组：《对搜查、扣押、冻结等强制性侦查措施检查监督有关问题研究》，《法学杂志》2011

年第 2 期。

万毅、林喜芬：《宪政型与集权型：刑事诉讼模式的导向性分析》，《政治与法律》2006 年第 1 期。

汪建成、何诗扬：《刑事推定若干基本理论之研讨》，《法学》2008 年第 6 期。

王继学等：《高官异地审判：中国司法史上独特的风景线》，《民主与法制时报》2007 年 1 月 1 日。

王雷：《遏制犯罪低龄化的新途径——恶意补足年龄原则的引入》，《南方论刊》2017 年第 1 期。

王敏远：《论未成年人刑事诉讼程序》，《中国法学》2011 年第 6 期。

王敏远：《论我国刑事诉讼中的司法审查——以侦查中的强制性措施的司法审查为例的分析》，《法学》2015 年第 1 期。

王敏远：《以审判为中心的诉讼制度改革问题初步研究》，《法律适用》2015 年第 6 期。

王祺国、刘周：《贪污贿赂犯罪案件诉讼程序的反思与重构》，《犯罪研究》2008 年第 4 期。

吴娟：《小留学生霸凌事件的美式解读》，《中国教育报》2016 年 2 月 25 日第 4 版。

向广宇、闻志强：《日本校园欺凌现状、防治经验与启示——以〈校园欺凌防止对策推进法〉为主视角》，《大连理工大学学报》第 38 卷第 1 期。

向晓静：《对受贿犯罪趋势的新思考》，《检察日报》2003 年 6 月 3 日。

谢佑平：《生成与发展：刑事辩护制度的进化历程论纲》，《法律科学》2012 年第 11 期。

颜湘颖、姚建龙：《宽容而不纵容的校园欺凌治理机制研究——中小学校园欺凌现象的法学思考》，《中国教育学刊》

2017年第1期。

杨正万：《法国刑事搜查制度述评》，《规则民族学院学报》2009年第6期。

姚建龙：《防治学生欺凌的中国路径：对近期治理校园欺凌政策之评析》，《中国青年社会科学》2017年第1期。

姚建龙：《应对校园欺凌，不宜只靠刑罚》，《人民日报》2016年6月14日第5版。

殷淑娟：《论我国未成年人刑事责任年龄制度的完善》，学位论文，辽宁大学，2015年。

余进、孙素心：《未成年人刑事案件社会调查制度》，《中国检察官》2013年第17期。

张春霞：《论污点证人之豁免》，《华东政法学院学报》2003年第2期。

张建良、王利平：《我国刑事搜查启动程序的反思与重构》，《湖北警官学院学报》2010年第3期。

张建伟：《审判中心主义的实质内涵与实现途径》，《中外法学》2015年第4期。

张自然：《面对校园暴力，美法两国零容忍》，《中国教师报》2015年9月30日第3版。

郑菲：《试论我国司法鉴定人的诉讼地位》，华东政法大学，2010年4月。

庄崴：《刑事侦查中犯罪嫌疑人权利保障之完善》，郑州大学2013年。

邹志宏：《受贿案的司法调查》，《上海检察调研》2001年第2期。

左卫民：《规避与替代——搜查运行机制的实证考察》，《中国法学》2007年第3期。

左卫民、马静华：《刑事证人出庭率：一种基于实证研究的理论阐述》,《中国法学》2005年第6期。

左卫民、王戬:《论宪法基本权利与刑事诉讼》,《铁道警官高等专科学校学报》2003年第3期。

三 外文论著和译著

［英］丹宁:《法律的正当程序》,李克强等译,法律出版社1999年版。

［英］丹宁勋爵:《法律的界碑》,刘庸安等译,法律出版社1999年版。

《俄罗斯联邦刑事诉讼法典》,黄道秀译,中国人民公安大学出版社2006年版。

［美］房龙:《宽容》,迮卫、靳翠微译,生活·读书·新知三联书店1985年版。

［法］卡斯东·斯特法尼等:《法国刑事诉讼法精义》(下),罗结珍译,中国政法大学出版社1999年版。

［德］拉德布鲁赫:《法学导论》,米健、朱林译,中国大百科全书出版社1997年版。

［美］罗纳德·J. 艾伦等:《证据法:文本、问题和案例》,张保生、王进喜等译,高等教育出版社2006年第一版。

［日］松尾浩也:《日本刑事诉讼法》(下卷),张凌译,中国人民大学出版社2005年版。

［德］苏姗娜·瓦尔特:《德国有关搜查、扣押、逮捕以及短期羁押的法律:批判性的评价》,陈光中、［德］汉斯约格·阿尔布莱希特:《中德强制措施国际研讨会论文集》,中国人民公安大学出版社2003年版。

［日］田口守一:《刑事辩护制度》,［日］西原春夫主编:《日本刑事法的形成与特色》,中国法律出版社、日本成文堂1997年联合出版。

[日] 土本武司：《日本刑事诉讼法要义》，董璠舆、宋英辉译，五南图书出版公司1997年版。

[德] 托马斯·魏根特：《德国刑事诉讼程序》，岳礼玲、温小洁译，中国政法大学出版社2004年版。

[美] 约翰·亨利·梅利曼：《大陆法系》，西南政法大学法制史教研室编译室。

[英] 詹宁斯：《法与宪法》，龚祥瑞、侯键译，生活·读书·新知三联书店1997年版。

E. Coke. *The Third Part of the Institutes of the Laws of England: Concerning High Treason, and Other Pleas of the Crown, and Criminal Causes* [M]. London: M. Flesher, 1644: 29.

J. M. Beattie. *Scales of Justice: Defense Counsel and the English Criminal Trial in the Eighteenth and Nineteenth Centuries* [J]. Law and History Review, 1991, 9 (2): 223.

后　　记

　　刑事诉讼是一门伟大的艺术，它是一国刑事司法制度的动态表现。一国的刑事诉讼能否使有罪者受到惩罚，能否使无罪者洗脱冤屈，能使多少有罪者受到惩罚，又能使多少无罪者洗脱冤屈，是衡量一国刑事诉讼法和刑事司法制度完善与否的重要标准。有钱有势的犯罪嫌疑人、被告人是否会逃脱惩罚？无钱无势的犯罪嫌疑人、被告人是否会被冤屈陷害？有钱有势的"被害人"是否会假借公器加重刑罚甚至出入人罪？无钱无势的被害人是否会无处申冤看罪犯逍遥法外？这些是衡量一国刑事诉讼法和刑事司法制度是否公正的重要标准。在刑事诉讼过程中，是否能够保障犯罪嫌疑人、被告人的人权，是否能够尊重证人的人权，是否能够维护被害人的权益，则是衡量一国刑事诉讼法和刑事司法制度是否文明的重要标准。刑事诉讼的本质是公力救济，其能否完成公力救济的使命为公众提供保护，避免公众采取自力救济（私力救济）从而维护社会秩序和国家稳定，则是衡量一国刑事诉讼法和刑事司法制度是否有效的重要标准。

　　本书对中国刑事诉讼的发展和趋势加以讨论，各种讨论均围绕刑事诉讼法应当承担的三个任务展开：第一个任务"设置一国的刑事诉讼制度并对职能机关的司法职权加以配置"；第二个任务"设置追究犯罪的可操作程序以正确实现刑事实体法避免错案"；第三个任务"设置遏制违法诉讼行为的制度以正确执行刑事程序法合法追究犯罪"。这三个任务彼此联系，又和刑事诉讼法的目的息息相关。众所周知，打击犯罪是刑事诉讼法的第一个目的，而保护人权则是刑事诉讼法的第二个目的。多年前，刑事诉讼法学界接受人权保护是刑事诉讼法的第二个目的，堪称中国刑事诉讼的一场革命，笔者对此深以为然。如果说人类社会除去社会分工之外还有其他重要规律的话，那么自我意识的觉醒或主体意识的觉醒，人类群体对人权保障重视程度的不断提高应该算一个。

人类社会从蒙昧向文明的进化，一条重要的主线就是自我意识的觉醒或主体意识的觉醒。当人类从动物性的"人"向社会性的"人"转变时，他或她就逐步脱离了睁开眼睛去觅食，看到异性就交配，运气好找到食物，运气不好变成食物的阶段。他们开始思考自己的存在，思考周围的世界，思考自己和周围世界的关系。于是人类的行为更加复杂了，互动更加高效了。人类不再把死去的同伴弃之不顾，于是埋葬行为产生了。出于对死亡的敬畏，原始宗教产生了。伴随宗教信仰，各种仪式和行为规范产生了。人类个体的主体意识不断加强，"我"这一意识逐步从自发变成自觉。描述这一变化的篇章似乎可以从《圣经》中对亚当、夏娃偷食智慧果的记述中找到答案。人类个体自我意识的觉醒或主体意识的觉醒，实际上也可以理解为人类对自身人格和尊严从自发到自觉的认识。

我们祖先的另一个进化标志是对他人人权尊重的不断提高。在蒙昧时期，交战的人类群体会吃掉对方的战俘。而进入奴隶社会后最起码会留对方一条性命，将其变为奴隶。随着时间的推移，奴隶甚至不能随意杀害，再到后来随意伤害也被禁止。用人殉葬和祭祀的行为逐步废除，人口买卖从正常现象变成违法行为。隶农从没有人身自由的半奴隶变成具有一定人身自由的农民，又从农民转变为享有完全人身自由的工人。先是贵族享有了议事权和选举权,继而平民也开始享有议事权和选举权。总体而言,人权保障或者说权利保障水平在人类社会发展中不断提升。从刑事司法角度来看,这一规律也不可能不发挥作用。具体而言,似乎可以阐述为刑事诉讼中人权保障的进步。

在法治发达国家长期的司法实践中,人们发现,侦检权力固有的行政权性质使其容易滥用。侦检权力的行政专横,远比司法专横更为可怕。刑事诉讼领域的国家公权力滥用,和宪法领域的国家公权力滥用一样,也体现为行政性质公权力的滥用。对公民宪法基本权利和诉讼权利的侵犯往往发生在审前阶段的侦检程序之中。拥有侦检权力的职能机关与处于被追诉地位的犯罪嫌疑人之间是对抗的关系,因此侦检机关很容易利用国家公权力迫使犯罪嫌疑人承认其罪行,甚至不惜违反程序法的规定达到其追诉目的,对侵犯犯罪嫌疑人的宪法基本权利和诉讼权利往往也是无所顾忌。而犯罪嫌疑人对侦检机关的侵权行为往往无还手之力,甚至鸣冤叫屈都无人理睬。在几千年的时间里犯罪嫌疑人一直是刑事诉讼中的客体,其正当的诉讼权利被肆意侵犯。

人权保障原则在当今世界范围内已经获得了普遍的认同,诸如《世界人权宣言》、《公民权利和政治权利公约》等一系列的国际公约都要求国家公权力机关在权力行使的过程当中注重对于权力相对人基本人权的保护。如《世界人权宣言》当中规定:"鉴于对人类家庭所有成员的固有尊严及其平等的和不移的权利的承认,乃是世界自由、正义与和平的基础,鉴于对人权的无视和蔑视已发展为野蛮暴行,这些暴行玷污了人类的良心,而一个人人享有言论和信仰自由并免予恐惧和匮乏的世界的来临,已被宣布为普通公民的最高愿望,鉴于为使人类不致迫不得已铤而走险对暴政和压迫进行反叛,有必要使人权受法治的保护。"

人类对自身人权的尊重和对他人人权的尊重，堪为人类进化的汤汤潮流，这也解释了我们为什么需要刑事诉讼法来束缚我们追究犯罪的手脚。"保障人权"价值绝不是站在"打击犯罪"价值的阴影里粉饰太平的摆设，刑事诉讼法也绝不是坐在刑法副驾驶位置上只为"保障刑法实施"的"工具法"。"先程序再实体"为主流社会接受之时，可能才是中国法治社会成熟之日。

本书分九章对刑事诉讼的热点问题加以分析论述，是笔者研习刑事诉讼法十年来的一些心得，供专家学者批评指正。因成书仓促，难免有不少错漏之处，还望读者诸君不吝赐教。